*Freude an der Technik
ist keine Frage des Alters
oder des Vorwissens.*

INHALTSVERZEICHNIS

Einleitung | Vor dem Kauf 4-7

INBETRIEBNAHME - Erste Schritte

- Wichtige Bedienelemente 8
- Sperrbildschirm | Homebildschirm 9
- Bedienung & Tastatur | Fenster & Menüs 10-13
- **Einschalten** > Sprache & Land wählen 14-15
- WLAN einstellen | SIM Karte installieren / PIN eingeben 16-19
- Ortungsdienste 20
- Apple ID & iCloud anlegen 21-25
- Sicherheit einstellen | Nutzungsbedingungen 26-28
- iPhone suchen 29
- Sicherheitscode > Touch ID > Siri > Diagnose 30
- Los geht's 31
- Programme (Apps) und Symbole (Icons) in der Übersicht 32-34

INTERNET & KOMMUNIKATION

Mail 36-43
Elektronische Post verschicken & empfangen

Internet (Safari) 44-59
Im World Wide Web surfen

Telefon 60-63
Ortsunabhängig mobil telefonieren

Kontakte 64-65
Adressen und Kontakte verwalten

Kurznachrichten (SMS & iMessage) 66-70
Schnell und einfach Nachrichten verschicken

MULTIMEDIA

iTunes Store 72-73
Der Online-Shop von Apple

Musik 74-75
Die eigene Musikbibliothek verwalten

Video 76-77
Filme suchen, kaufen, anschauen

Kamera 78-79
Fotos und Videos machen

Fotos 80-81
Fotos bearbeiten & verwalten

Facetime 82-83
Mit Freunden und Verwandten per Video in Verbindung bleiben

Skype 84-88
Videotelefonie

Zeitungskiosk 90-91
Magazine ausleihen, kaufen, verwalten, lesen

2

INHALTSVERZEICHNIS

App Store

App Store 92-95
Programme & Erweiterungen suchen und laden

Apps sortieren, beenden, löschen 96-98
Bringen Sie Ordnung in die Apps

APPS

Siri 100-101
Mit dem iPhone sprechen und Texte vorlesen lassen

Kalender – Termin anlegen 102-103

Uhr – Uhrzeit und Wecker bearbeiten 104-105

Karten 106-108
Orte und Adressen lokalisieren / Von A nach B navigieren

Notizen 109
Die gelben Zettel in der digitalen Welt

Erinnerungen 110-111
Keine Aufgabe, keinen Termin mehr vergessen

GameCenter – Spiele, Spiele, Spiele 112-113

Touch ID - Ihr Fingerabdruck als Schlüssel 114

EINSTELLUNGEN

WLAN | Bluetooth | Hotspot 116

Mobiles Netz > Mobile Daten 117

Mitteilungszentrale | Kontrollzentrum 118-119

Allgemein | Übersicht 120

Das iPhone zurücksetzen 121

Bedienhilfen | Textgröße - Kontrast - Hörgeräte 122-123

Töne & Bilder 124

Code-Sperre | Datenschutz | Ortungsdienste 125

iCloud | Mail | Kontakte 126-127

Notizen | Erinnerungen | Telefon | Nachrichten | Facetime 122-129

Karten | Kompass | Safari 130

iTunes | App Store | Musik 131

Foto | Kamera | Skype 132

TECHNIK

Glossar - Die technischen Begriffe verstehen 134-138

Index - Nach Stichwörtern und Funktionen suchen 139-141

Probleme & Lösungen | 142-143

Das.Forum | Datensicherheit im Internet 144-145

Externe Hardware - Überblick | Das iPhone laden 146-147

Impressum 148

Der Datenspeicher .... Umschlag innen

EINLEITUNG

Was ist DIE.ANLEITUNG?

Diese neue Art der Anleitung ist speziell für Neu-Einsteiger entwickelt worden. Sie benötigen **keine Vorkenntnisse und auch kein Fachwissen**, um die Technik zu beherrschen.
Mit vielen Bildern begleitet Sie Die.Anleitung bei der Bedienung – **Schritt für Schritt**. So können Sie sofort sehen, wenn etwas nicht übereinstimmt und entsprechend korrigieren.

Die.Anleitung kann und will gar nicht alle Funktionen bis ins letzte Detail vermitteln, dafür würde der Platz bei weitem nicht ausreichen.
Vielmehr konzentriert sie sich auf die **grundlegende Bedienung**. Denn wenn Sie die Grundlagen erst einmal verstanden haben, kann Sie so leicht nichts mehr erschüttern. Und genau dabei hilft Ihnen Die.Anleitung.

In einer Art und Weise, die Ihnen die Sicherheit gibt, Ihr Ziel auch zu erreichen. Ganz ohne Fachchinesisch, sondern in einfacher **verständlicher Sprache**. In einem Tempo, das Sie selbst bestimmen.
So, dass Sie jederzeit eine Pause machen können und problemlos später wieder einsteigen können. Die.Anleitung passt sich **Ihrem Tempo** an und nicht umgekehrt.

Fremdwörter? Fachausdrücke? So wenig wie möglich und so viel wie nötig. Ganz ohne geht es leider nicht.
Dazu gibt es auf den Seiten 134-138 ein **ausführliches Wortverzeichnis** (Glossar), das alle wichtigen Begriffe verständlich erklärt, übersetzt und Ihnen auch die **Aussprache** deutlich macht.

Für wen ist diese Anleitung?

Für alle, die sich zum ersten Mal mit einem iPhone beschäftigen und die faszinierende Welt des Internet und der modernen Kommunikation betreten. Sie müssen keine Vorkenntnisse mitbringen, mit dieser Schritt-für-Schritt-Anleitung schaffen Sie es bestimmt.
Das Einzige, was Sie dafür benötigen, ist eine **gesunde Neugierde, etwas Zeit und eine gute Portion Geduld** – wenn's auf Anhieb nicht so läuft wie gewünscht.
Passiert ja jedem mal …

Was lernen Sie in dieser Anleitung?

Sie lernen alle **wichtigen** Grundfunktionen des täglichen Bedarfs. Nicht mehr, aber auch nicht weniger.

- Einrichtung
- E-Mail
- Internet
- Kurznachrichten (SMS & iMessage)
- Videotelefonie (Facetime & Skype)
- Kamera - Fotos - Videos
- App Store und iTunes Store
- und vieles mehr

> Aussehen und Funktionen der Software unterliegen einem ständigen Veränderungsprozess. Deshalb kann es vereinzelt zu Unterschieden zwischen der Anleitung und Ihrem iPhone kommen. Grundlage für diese Anleitung war die Version 7.1.1 des Betriebssystems iOS. (siehe auch Seite 31)

© contrastwerkstatt - fotolia.com

VOR DEM KAUF UND DER INSTALLATION

Entscheidungen vor dem Kauf

Um alle Möglichkeiten des iPhones zu nutzen, benötigen Sie unbedingt einen Zugang zum Internet. Den können Sie auf zwei Wegen erhalten:

1. WLAN / Wi-Fi

Der Begriff WLAN steht für ein **kleines, örtlich begrenztes Netzwerk**, bei dem die Daten per Funk übertragen werden.

Zum Beispiel bei Ihnen **zu Hause**, an bestimmten öffentlichen Plätzen (Hot-Spots) oder in Hotels und Zügen. Die Technik dafür ist im iPhone schon integriert.

In der Praxis wird WLAN auch gerne als Wi-Fi bezeichnet. Das ist zwar technisch nicht ganz richtig, hat sich aber im Sprachgebrauch so durchgesetzt.

Die Vorteile:

- hohe Übertragungsgeschwindigkeit
- kein Datenlimit
- geringe Kosten

Die Nachteile:

- funktioniert nur örtlich begrenzt
- WLAN-Netzwerk muss vorhanden sein bzw. aufgebaut werden

Von Ihrem bisherigen Telefon-Anbieter erhalten Sie dafür einen zusätzlichen Datentarif und die erforderliche Hardware (Router [:ruhter]) zum Aufbau eines WLAN-Netzwerkes.

> **HINWEIS:**
> Das iPhone arbeitet mit beiden Techniken und wechselt automatisch immer zur schnellsten Verbindung.

2. SIM (mobiles Internet)

Mit einer SIM-Karte telefonieren Sie und nutzen ortsunabhängig das normale Mobilfunknetz zur Datenübertragung.

Die Vorteile:

- ortsunabhängige Nutzung
- einfach und schnell ins Internet
- benötigt kein eigenes Netzwerk

Die Nachteile:

- langsamere Datenübertragung
- oftmals mit Datenlimit verbunden
- kann im Ausland teuer werden (Roaming)

Der Vertrag

Achten Sie beim Abschluss eines Vertrags unbedingt auf eine Flatrate für das Datenvolumen und den Zeitpunkt der Geschwindigkeitsdrosselung.

Ein Beispiel:
Datenvolumen > Flatrate
Drosselung > ab 2GB

Das bedeutet:
Sie können so lange surfen, wie Sie möchten. Verbrauchen Sie im Monat allerdings mehr als 2GB, wird die Geschwindigkeit gedrosselt. Und zwar so weit, dass es keinen Spaß mehr macht, im Internet unterwegs zu sein.

> **HINWEIS:**
> XX GB [: gigabeit] ist eine Angabe für die Menge der übertragenen Daten. Wenn Sie regelmäßig im Internet unterwegs sind und ab und zu mal eine Videokonferenz machen, sollten Sie mindestens 1GB mit der vollen Geschwindigkeit zur Verfügung haben.
>
> Laden Sie die Daten meistens zuhause über eine WLAN-Verbindung, dann können Sie den mobilen Bedarf auch reduzieren.

INBETRIEBNAHME - Erste Schritte

DIE ANLEITUNG FÜR DIE.ANLEITUNG

So funktioniert DIE.Anleitung
Die sinnvolle und praktische Reihenfolge der Bedienschritte wurde in vielen Praxistests immer weiter optimiert. Wenn möglich, halten Sie sich daran, so kommen Sie **sicher zum Ziel**.

Nach jedem Kapitel können Sie eine Pause machen und später wieder einsteigen.

Zu vielen Themen finden Sie Übungen, die das Gelernte festigen.

WICHTIG:
Am Ende der Anleitung finden Sie den **Datenspeicher**: Eine spezielle, ausklappbare Seite. Hier können Sie alle Vertragsdaten, Zugangsdaten und Kennwörter eintragen. Und genau das möchte ich Ihnen wirklich ans Herz legen.
Tragen Sie alle Daten **immer sofort** in den Datenspeicher ein. All zu schnell sind wichtige Daten verloren und vergessen.

Aus Platzgründen sind fast alle Bilder vom iPhone 4. Dort, wo es einen Unterschied zum iPhone 5, 5c oder 5s gibt, werden die Bilder und Texte mit diesem Symbol gekennzeichnet ⑤.

Die Technik
Das iPhone ist ein Stück modernster Technik, verpackt in ein hochwertiges, stabiles Gehäuse, gemacht für den täglichen Einsatz – auf der Couch und unterwegs.
Behandeln Sie es gut, dann wird es Ihnen viele Jahre Freude bereiten.

Manche Textabschnitte sind durch farbige Linien markiert, je nach Informationsgehalt:

HINWEIS
Texte mit einer blauen Markierung beschreiben einzelne Vorgänge und technische Parameter.

TIPP
Hier finden Sie spezielle Hinweise, die Ihnen auf einfache Art die Bedienung Ihres iPhones erleichtern oder bestimmte Erklärungen einzelner Funktionen.

WICHTIG
In diesen Textblöcken stehen wichtige Informationen zur Bedienung, zur Technik und Hintergrundwissen. Bitte nehmen Sie diese Texte so, wie sie gemeint sind – wichtig.

Einzelne Bedienschritte werden mit (roten) Nummern gekennzeichnet. In der Darstellung der Bedienoberfläche zeigen rote Kreise das jeweilige Bedienelement an.

Bedienelemente und Befehle, die Sie so auch am Bildschirm finden, werden blau geschrieben.
Zusammenhängende Befehle und Aktionen werden durch Doppelpfeile >> getrennt.

Aussprache
Hinter den englischen Fachausdrücken finden Sie die deutsche Aussprache in eckigen Klammern.
[:gesprochen wie geschrieben]

EINLEITUNG

WICHTIG

Haben Sie ein gebrauchtes iPhone erworben, stellen Sie sicher, das es vom Vorbesitzer komplett zurückgesetzt wurde.

Ob das iPhone zurückgesetzt wurde, sehen Sie gleich nach dem Einschalten: Ist am Bildschirm ein Hallo zu sehen, ist alles gut.

Kommen Sie stattdessen auf den **Startbildschirm** mit all den Symbolen für die Apps, müssen Sie das iPhone als erstes zurücksetzen. Wie das geht, erfahren Sie auf Seite 121.

Dazu benötigen Sie **zwingend** das Apple ID Kennwort des Vorbesitzers!

Das benötigen Sie für den Start

- Ungefähr 1-2 Stunden Zeit für ein erstes Kennenlernen der Technik und die Basis-Installation
- Name und Kennwort Ihres WLAN-Netzwerkes
- Ihre SIM-Karte mit den Kennwörtern
- Zugangsdaten zu einem eventuell schon vorhandenen E-Mail Konto
- Ihr neues iPhone (mit Verpackung). Dort versteckt sich das kleine Werkzeug für die SIM-Karte.

INBETRIEBNAHME - Erste Schritte

Haben Sie Geduld, wenn es mal nicht so läuft, wie Sie möchten. Manchmal braucht es einfach ein bisschen mehr Zeit, bis das Ergebnis stimmt.

Das gilt für Mensch **und** Maschine.

© graphicStock.com

Die BEDIENUNG | Bedienelemente & Bildschirm

Statusleiste

Ein erster Überblick über Hardware und Bildschirm

In der **Statusleiste (1)** sehen Sie den aktuellen Stand der verschiedensten Aktivitäten Ihres iPhones. Eine Erklärung der Symbole finden Sie auf Seite 114.

(2) Standby-Taster / Ein-Aus-Schalter
Oben, auf der Kante des iPhones finden Sie einen kleinen Taster.
1 x kurz drücken schickt das iPhone in den Schlafmodus bzw. weckt es aus dem Schlafmodus auf.
Halten Sie diesen Taster 2-3 Sekunden lang gedrückt, wird das iPhone komplett ausgeschaltet (nur selten erforderlich).
Ist das iPhone komplett ausgeschaltet, wird es auch so wieder eingeschaltet – also den Ein-Aus-Schalter 2-3 Sekunden gedrückt halten.

(3) Home-Button [: hom battn]
Ganz wichtig – mit einem kurzen Druck auf diese Taste kehren Sie immer wieder zurück zum Hauptbildschirm.

5 Bei iPhone 5s versteckt sich im Home-Button auch die Erkennung für den Fingerabdruck (Touch ID). Eine Sicherheitsabfrage, die Sie statt dem normalen Nummerncode verwenden können.

Die **Programmleiste (4)** am unteren Rand des Bildschirms dient zur Ablage der wichtigsten Apps. Sie ist am Hauptbildschirm immer zu sehen.

Das iPhone können Sie auch im **Querformat** verwenden. Einfach drehen, die Anpassung des Bildschirms erfolgt **automatisch**.
Halten Sie das iPhone waagerecht oder liegt es flach auf dem Tisch, ist es für die Automatik oftmals schwierig, die gewünschte Ausrichtung zu erkennen. Kippen Sie es dann **kurz in die Schräglage**, so funktioniert alles wie gewünscht.

HINWEIS:
Nicht alle Apps unterstützen die Darstellung im Querformat

Sperr- und Home-Bildschirm | Der BILDSCHIRM

Sperrbildschirm

Diesen Bildschirm sehen Sie beim Aufwachen aus dem Schlafmodus. Haben Sie den Sperrcode aktiviert, erscheint hier auch die Abfrage der Zahlen. Aber hier gibt es noch mehr zu sehen:
Am oberen und am unteren Rand des Bildschirm ist jeweils ein kleiner Strich (1) zu sehen. Zusätzlich dazu gibt es recht unten, in der Ecke ein Kamerasymbol (2). Über diese Symbole können Sie jederzeit verschiedene Funktionen aktivieren – auch wenn die Symbole selbst nicht zu sehen sind und Sie in eine andere App geöffnet haben. Details dazu auf Seite 119.

Um in den Home-Bildschirm zu wechseln, streichen Sie einmal von links nach rechts.

HINWEIS:
Das Hintergrundbild auf Ihrem iPhone kann auch anders aussehen – kein Problem.

Home-Bildschirm (Haupt- und Startbildschirm)
Der Home-Bildschirm ist Ihre Arbeitsfläche, hier starten, schließen und arbeiten Sie mit den Apps.
Die Darstellung der einzelnen Apps, die ja eigentlich schon richtige Programme sind, erfolgt über Symbole, die so genannten Icons [:eikons].

WICHTIG:
Den Home-Bildschirm erreichen Sie **immer** mit einem kurzen Drücker auf den Home-Button – egal, in welcher App Sie gerade arbeiten.
Als **Home-Button** (2) wird der runde Schalter unten in der Mitte bezeichnet.

Haben Sie bei den Eingaben eine längere Pause gemacht, geht das iPhone in den **Ruhemodus** und der Bildschirm wird dunkel. Drücken Sie dann einmal kurz auf den **Home-Button** unten in der Mitte und das iPhone „erwacht" wieder.
Alternativ können Sie dazu auch den StandBy-Taster verwenden.

Die BEDIENUNG | Wischen & Streichen

Das iPhone hat bis auf wenige Ausnahmen keine „echten" Bedienelemente mehr. Nahezu alle Funktionen werden direkt über den Bildschirm gesteuert. Der Bildschirm ist **berührungsempfindlich** und reagiert auf Ihre Aktionen an der Oberfläche. Diese Art des Bildschirms wird als **Touchscreen** [:tatschskrien] bezeichnet und ermöglicht eine sehr intuitive Bedienung.
Sie fassen die Objekte auf dem Bildschirm direkt mit dem Finger an, bewegen sie oder geben Text ein. Es gibt keine zusätzliche Tastatur, Maus oder sonstige Eingabegeräte.

Hört sich jetzt vielleicht kompliziert an, Sie werden aber sehen, das ist ganz einfach. Bald werden auch Sie mit viel Spaß auf dem iPhone **tippen, drücken, schieben, verkleinern und vergrößern**.

Bedienmöglichkeiten am Bildschirm:

• **Tippen**
Ganz einfach, Sie tippen mit dem Finger kurz auf die gewünschte Stelle.

• **Doppel-Tipp**
Die erweiterte Version davon ist der Doppel-Tipp, wenn Sie kurz hintereinander auf die gleiche Stelle tippen.
Wichtigste Funktion:
Vergrößern/Verkleinern bzw. markieren von Wörtern bei der Texteingabe

• **Tippen und Halten**
Das ist mehr als Tippen, Sie lassen den Finger auf dem Display „**liegen**". Sie bleiben also auf der Stelle, bis die entsprechende Funktion startet.

• **Wischen/Streichen/Schieben**
Damit verschieben Sie Inhalte und bewegen Symbole an eine andere Position. Sie **berühren** mit einem Finger das Display, bleiben auf dem Display und wischen nach links, rechts, oben und unten.

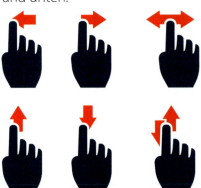

• **Auf- und Zuziehen**
Mit dieser Funktion können Sie Inhalte vergrößern und verkleinern. Positionieren Sie Daumen und Zeigefinger nebeneinander auf dem Bildschirm und ziehen sie dann auseinander bzw. wieder zusammen.

Vergrößern   Verkleinern

WICHTIG:
Ob eine Funktion ausgeführt wird, ist **nicht** vom einem festen Druck auf dem Bildschirm abhängig. Im Gegenteil, dadurch werden oft **Fehlfunktionen** ausgelöst. Denken Sie bitte immer daran, eine leichte Berührung ist absolut ausreichend.

Auch die symbolisierten „Schalter" müssen Sie nicht nach links oder rechts schieben, sondern nur **kurz berühren** und schon ändert sich der AN/AUS-Zustand.

Tastatur | Die BEDIENUNG

Auch die Tastatur ist nicht real vorhanden, sie erscheint nur bei Bedarf am unteren Bildschirmrand und hat mehrere Ebenen:

(1) Buchstaben

(2) Zahlen und Zeichen

(3) Sonderzeichen

Die.Tastatur

(1) Löschtaste
Damit wird der Buchstabe **links** neben dem Einfügezeichen (Cursor [:cörsa]) gelöscht.

(2) Umschalttaste für die Großschreibung
des nächsten Buchstabens. Danach wird automatisch klein weiter geschrieben. Mit einem Doppel-Tipp wird die Großschreibung dauerhaft aktiviert.

(3) Umschalter zu den Zahlen

(4) Sprachassistent SIRI
Sprechen statt tippen

(5) Multifunktionstaste
Ändert je nach Einsatzbereich die Bezeichnung und die Funktion

(6) Umschalter zu den Sonderzeichen

(7) Umschalter zurück zu den Buchstaben

(8) Umschalter zu den Zahlen

(9) Sprache wechseln bzw. Smilies einblenden

(10) Alternative Buchstaben
Legen Sie den Finger länger auf einem Buchstaben, werden noch andere Schreibweisen dieses Buchstabens angezeigt.
Um einen davon auszuwählen, bleiben Sie mit dem Finger auf der Oberfläche, fahren nach oben in das kleine Fenster und lassen über dem gewünschten Buchstaben wieder los.

> **HINWEIS:**
> Der erste Buchstabe am Satzanfang, nach einem Punkt und am Zeilenanfang, wird immer **automatisch groß geschrieben**.

Die Tastatur passt sich zusätzlich noch der jeweiligen App an und zeigt die passende Zeichenauswahl – manchmal auch in negativer Farbdarstellung.

Während der Texteingabe macht das iPhone **automatische Textvorschläge und Korrekturen** der Wörter.
Schreiben Sie einfach weiter oder drücken Sie auf die Leertaste, werden diese Vorschläge eingesetzt. Möchten Sie den Vorschlag nicht übernehmen, tippen Sie auf das kleine „x" **(11)** im Vorschlag-Fenster.

Die **BEDIENUNG** | Fenster & Menüs

Fenster & Menüs

Neben dem Hauptbildschirm erfolgt die Bedienung oft über so genannte **Fenster, Auswahllisten und Menüs**, die sich über den normalen Bildschirm legen. Dort wählen Sie bestimmte Einstellungen aus, aktivieren einzelne Funktionen und ändern Einstellungen.
Im Normalbetrieb sind Fenster und Menüs versteckt (=ausgeblendet) und werden erst bei Bedarf aktiviert. In diesen neuen Fenstern können Sie oftmals auch weiter navigieren, wie z.B scrollen (schieben).

Sie werden sehen, diese Fenster begegnen Ihnen ständig, die Bedienung wird Ihnen ganz schnell in Fleisch und Blut übergehen.

Beispiele:
• Neues Album in Fotos **(1)**
• Verwaltung der Lesezeichen in Safari **(2)**
• Bild einer Nachricht hinzufügen **(3)**

Ist neben einem Menüeintrag noch ein kleiner Pfeil **(3)** zu sehen, finden Sie mit einem Tipp darauf noch weitere Informationen.

Auch andere Funktionen wie löschen **(5)** und sortieren **(6)** können Sie oft in Fenstern und Menüs vornehmen.
Auch die oftmals benötigte Eingabe für Kennwörter und Text wird manchmal über ein Fenster erledigt.

> Fenster schließen
Die Art und Weise, wie ein Fenster geschlossen wird, kann sehr unterschiedlich sein:

• Sie möchten nichts verändern >> Dann tippen Sie einfach neben dem Fenster auf den Hintergrund.

• Haben Sie eine Auswahl getroffen, schließt das Fenster selbständig.

• Es gibt am oberen oder unteren Rand die Angabe Ok, Fertig oder Weiter, die eine Eingabe/Auswahl bestätigen und das Fenster schließen.

Neue Nachrichten, E-Mails und Updates
werden bei allen Programmen (Apps) durch einen kleinen roten Kreis mit einer Nummer neben dem Symbol angezeigt.

Beispiel E-Mail: Es gibt 1 neue Nachricht

VORBEREITUNG

Vorbereitung
Entfernen Sie vor dem Start eine eventuell bereits installierte SIM-Karte >> Seite 16

Legen Sie jetzt DIE.Anleitung neben Ihr iPhone und klappen Sie das Blatt mit dem Datenspeicher aus. Tragen Sie schon jetzt die Daten von WLAN und/oder SIM-Karte dort ein.

WICHTIG:
Haben Sie Geduld
Mit sich selbst und der Technik. Gerade am Anfang benötigen beide etwas länger für die Bedienung, die grundlegende Installation und das Laden der benötigten Daten.

Alles vorbereitet?

Die ersten Seiten der Anleitung in Ruhe gelesen?

Bereits vorhandene Daten in den Datenspeicher eingetragen?

1-2 Stunden freie Zeit?

Dann nehmen Sie jetzt Ihr iPhone zur Hand, es geht los.

© Rawpixel - fotolia.com

EINSCHALTEN | Sprache wählen

Die SIM-Karte zum Start bitte noch nicht einlegen!

Einschalten
Drücken Sie kurz den Einschaltknopf **(1)**, an der oberen Kante, ganz rechts >> das Display startet und zeigt am Begrüßungsbildschirm ein freundliches „Hallo", das in verschiedenen Sprachen durchläuft.

Oben rechts sehen Sie den aktuellen **Ladezustand (2)** der Batterie. Der sollte mindestens bei 70% liegen. Wenn nicht, ist es an der Zeit das iPhone aufzuladen, sonst geht Ihnen bei der Installation plötzlich der Saft aus.
Hinweise zum Laden finden Sie auf Seite 143

Sie sehen nicht den Startbildschirm mit dem netten Hallo? Es tut sich gar nichts?
Dann ist das iPhone vermutlich ganz ausgeschaltet und Sie müssen einfach etwas länger auf den Einschaltknopf drücken (ca. 2-3 Sekunden).
Oder die Batterie ist komplett leer und Sie müssen das iPhone erst einmal laden. Kein Problem, blättern Sie auf Seite 143

Sie haben ein gebrauchtes iPhone?
Sie sehen nicht den Hallo-Bildschirm, sondern die normale Bedienoberfläche, den Hauptbildschirm mit den Symbolen (S. 9)? Dann sollten Sie das iPhone jetzt komplett zurücksetzen. Nur so können Sie sicher sein, von Anfang an richtig zu starten.
Die Anleitung dazu finden Sie auf Seite 129.

Alles ok? Dann fahren Sie jetzt mit dem Finger **von links nach rechts** über den Bildschirm. Wo genau Sie das am Bildschirm machen, ist hier ganz egal.
Der Start-Bildschirm verschwindet und die **Sprachauswahl** erscheint.

Tippen Sie mit dem Finger auf Ihre Sprache **(3)**.

HINWEIS:
Haben Sie bereits vor dem Einschalten Ihre SIM-Karte eingelegt, erscheint schon jetzt die Abfrage der PIN-Nummer (> S. 19). Manchmal sogar schon vor der Auswahl der Sprache und dann eben in Englisch **(4)**.

Land & Netzwerk wählen | **EINSCHALTEN**

Falsche Sprache gewählt?
Kein Problem, mit einem Tipp auf den blauen Pfeil (4) kommen Sie wieder eine Seite zurück.

Jetzt tippen Sie bitte auf Ihr Land (5) bzw. den Pfeil für eine erweiterte Auswahl (6). Im Normalfall passt sich diese Anzeige der **Sprachwahl** an. Wenn Sie also Deutsch gewählt haben, wird ganz oben schon **Deutschland** stehen.

> **HINWEIS:**
> Diese Einstellung wird unter anderem für die automatische Zeiteinstellung benötigt.

Zugang zum WLAN-Netzwerk herstellen
Das iPhone listet jetzt automatisch alle verfügbaren Netzwerke auf.
Das kleine **Schloss** (7) signalisiert, dass dieses Netzwerk mit einem Kennwort gesichert ist. Die drei „**Bögen**" (8) neben dem Schloss zeigen die Empfangsqualität.

Ist Ihr Netzwerk dabei?
Haben Sie das Kennwort parat?
Sehr gut, weiter geht's auf der nächsten Seite

Sie haben kein WLAN?
Dann müssen Sie die Registrierung über Ihre SIM-Karte und das mobile Netzwerk machen. Funktioniert genau so, dauert nur etwas länger. Tippen Sie dazu auf **Mobiles Netzwerk verwenden** (9).

Dann legen Sie jetzt bitte die SIM-Karte ein. Wie das geht, erfahren Sie auf Seite 18.

GRUNDEINSTELLUNGEN | Netzwerk

WLAN Einstellungen Teil 2

Der Bildschirm zeigt jetzt das Eingabefenster für das Kennwort zum Netzwerk. In der Eingabezeile (1) blinkt der Cursor [:körsa] (blauer Strich), am unteren Bereich des iPhones ist die Tastatur erschienen.

HINWEIS:
Mit einem Tippen auf die Schaltfläche links unten (ABC / .?123) (2) wechseln Sie zwischen Buchstaben und Zahlen. Probieren Sie es doch gleich mal aus.

Sollte der Cursor jetzt verschwunden sein, tippen Sie einfach in die Zeile neben dem Kennwort (1).

Geben Sie jetzt mit der Tastatur das Kennwort ein. Passen Sie dabei genau auf, **die Eingabe erfolgt verdeckt**. Die Buchstaben und Zahlen werden kurz nach der Eingabe nur noch als Punkte dargestellt. Das bedeutet, Sie können nur ganz kurz bzw. gar nicht sehen, was Sie tatsächlich eingeben.
Das ist zwar eine sinnvolle Sicherheitsmaßnahme, führt aber schnell mal zu Eingabefehlern.

HINWEIS:
Auch Groß- und Kleinschreibung wird berücksichtigt. Die so genannte „Hochstelltaste" (3) für Großbuchstaben aktivieren Sie mit dem Pfeilsymbol links und rechts an der Tastatur.

Mit einem Tipp auf Verbinden (4) übermitteln Sie das Kennwort.

WICHTIG:
Tragen Sie bitte jetzt gleich das Kennwort für das Netzwerk in den Datenspeicher am Ende der Anleitung ein, dann haben Sie die Daten bei Bedarf immer parat.

Netzwerk | **GRUNDEINSTELLUNGEN**

Hier (1) sehen Sie, was passiert, wenn Sie ein falsches Kennwort eingeben. Es erscheint eine Warnmeldung, die Sie mit einem Tipp auf das OK (2) bestätigen und so zurück zur erneuten Eingabe kommen.

Mit einem Tipp auf die Löschtaste (3) werden alle Buchstaben gelöscht.

| **TIPP**:
| Denken Sie auch an die Groß- und
| Kleinschreibung!

Haben Sie das Kennwort neu eingetragen, tippen Sie wieder auf Verbinden (4), um eine Verbindung zu Ihrem Netzwerk herzustellen.
Nach erfolgreicher Anmeldung am Netzwerk, sehen Sie oben links 3 kleine Bögen (7) für die Empfangsqualität.

Gleichzeitig startet die Aktivierung (5).

| Hier passiert es gerne, dass das iPhone in den **Schlaf-**
| **modus** geht und der Bildschirm dunkel wird. Drücken
| Sie einfach kurz auf den Home-Button (unten in der
| Mitte) und das iPhone „erwacht" wieder.

Jetzt zeigt das iPhone den Hinweis (6), dass noch keine SIM-Karte eingelegt ist. Diese ist aber für eine erfolgreiche Aktivierung zwingend erforderlich.

Legen Sie jetzt die SIM-Karte ein.
>> Details dazu auf der nächsten Seite

SIM-KARTE | Installation

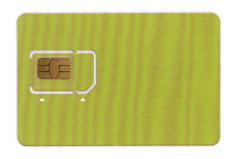

Mini Micro Nano

HINWEIS:
Bei Bedarf können Sie größere SIM-Karten auch per Hand an die benötigte Größe anpassen. Allerdings ist das recht knifflig und oft macht eine so zugeschnittene SIM-Karte später Probleme.
Besser ist es, wenn Sie bei Ihrem Mobilfunk-Anbieter gleich die richtige Größe bestellen.

MOBILE DATENÜBERTRAGUNG / SIM-Karte

Haben Sie kein privates WLAN-Netzwerk zur Verfügung, bleibt Ihnen immer noch der Weg über einen Vertrag von einem Mobilfunkanbieter. Dort erhalten Sie auch die so genannte **SIM-Karte**. Sie ist Ihr Schlüssel ins Internet.
Zusammen mit der SIM-Karte erhalten Sie auch zwei Nummern: PIN und PUK

Die **PIN** (Persönliche Identifikations-Nummer) dient dem Schutz Ihrer Mobilfunk-Karte vor unbefugter Benutzung. Diese Nummer benötigen Sie auch bei der ersten Aktivierung der Karte. Die PIN-Nummer ist immer 4-stellig.

Mit der **PUK**-Nummer (Personal Unblocking Key = Persönlicher Freischaltschlüssel) können Sie nach dreimaliger Falscheingabe der PIN die Karte wieder entsperren. Die PUK wird oft auch als **Super-PIN** bezeichnet.

Die SIM-Karte erhalten Sie normalerweise in Form einer Art Scheckkarte, aus der Sie die eigentliche Karte vorsichtig „ausbrechen". Je nach iPhone Modell wird eine andere Größe benötigt:

- iPhone 4 (2010): Micro-SIM
- iPhone 4s (2011): Micro-SIM
- iPhone 5 (2012): Nano-SIM
- iPhone 5c (2012): Nano-SIM
- iPhone 5s (2012): Nano-SIM

Die Schublade für die SIM-Karte befindet sich auf der rechten Schmalseite des iPhones **(1)**.
Neben der SIM-Karte benötigen Sie auch noch ein kleines Werkzeug um die „Schublade" **(2)** für die SIM-Karte zu öffnen. Das liefert Apple mit, ist aber so klein, dass es gerne verloren geht. Zur Not können Sie auch eine aufgebogene Büroklammer verwenden.

Installation | SIM-KARTE

SIM-Karte einlegen

Als erstes müssen Sie die SIM-Schublade am iPhone lokalisieren. Die ist immer auf der rechten Seite des iPhones. Suchen Sie nach einer kleinen Öffnung, neben der ein schmaler, runder Schlitz zu sehen ist (1). Führen Sie das Werkzeug vorsichtig in die Öffnung ein und drücken Sie dann beherzt dagegen.
Die SIM-Schublade fährt ein kleines Stück heraus und kann mit den Fingern heraus gezogen werden. Schauen Sie sich die Schublade genau an, die SIM-Karte passt nur in einer Position hinein.
Achten Sie auf die abgeschrägte Ecke.
Schieben Sie dann die Schublade mit der SIM-Karte zurück in die Öffnung. Das letzte Stück **drücken** Sie die Schublade hinein.

| WICHTIG:
| Das geht relativ leicht, ohne großen Kraftaufwand.

Nach der Installation der SIM-Karte erhalten Sie die Meldung, dass die SIM-Karte noch gesperrt ist. (2). Tippen Sie dort auf Entsperren >> Im nächsten Fenster geben Sie über die „Tasten" die 4-stellige PIN-Nummer ein (3), die Sie von Ihrem Anbieter erhalten haben >> bestätigen Sie die Eingabe mit einem Tipp auf OK (4).
Die SIM-Karte wird jetzt beim Anbieter überprüft und entsperrt (5).

| WICHTIG:
| Tragen Sie die PIN-Nummer (+ Super-PIN bzw. PUK)
| gleich in den Datenspeicher ein.

Manchmal erscheint erneut das Fenster mit der Meldung SIM-Karte erforderlich. Tippen Sie dann auf Erneut versuchen (6)
Jetzt dauert es noch einen Moment bis die Verbindung aufgebaut wird und der Name des Anbieters und die Signalqualität in der Statusleiste angezeigt wird (7). **Warten Sie unbedingt so lange, bis die Anzeige komplett ist.**
Wird die Verbindung innerhalb von 2 Minuten nicht hergestellt, müssen Sie die SIM-Karte nochmal neu installieren.

| HINWEIS:
| Sind Sie wieder in einem bekannten WLAN-Netzwerk, schaltet das iPhone die Datenverbindung automatisch wieder auf das schnellere WLAN um.

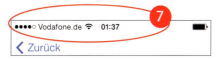

INBETRIEBNAHME - Erste Schritte

GRUNDEINSTELLUNGEN | Ortungsdienste

Als nächstes gilt es, die Einstellungen für die Ortungsdienste (1) festzulegen.

Was bedeutet das?
Das ist eine Frage der **Datensicherheit**. Mit Unterstützung der Ortungsdienste können Programme den aktuellen Standort des iPhones feststellen.
Das hat Vor- und Nachteile:
Einerseits werden die Ortungsdienste für die Landkarten und die Navigation benötigt, andererseits übertragen viele Programme diese Daten ganz unnötig an andere „Stellen".

Da die Aktivierung (=Genehmigung) auch **später** noch ganz problemlos für jedes einzelne Programm erteilt werden kann, schlage ich vor, hier erst einmal auf Nummer sicher zu gehen und die Ortungsdienste nicht zu aktivieren.

Tippen Sie auf Ortungsdienste deaktivieren (2) und es öffnet sich ein Bestätigungsfenster in dem Sie OK (3) auswählen.

Die Auswahl bei Konfigurieren (4) ist ganz einfach: Das iPhone ist ja neu, wählen Sie Als neues iPhone konfigurieren (5).

> **Erinnerung**
> Machen Sie längere Zeit keine Eingabe, geht das iPhone in den Schlafmodus, der Bildschirm wird dunkel. Mit einem kurzen Druck auf den Home-Button (unten in der Mitte) wecken Sie es wieder auf.
> Zur **Entriegelung** des Sperrbildschirms, einmal von links nach rechts wischen.

Apple ID | GRUNDEINSTELLUNGEN

Das ist jetzt eine wichtige Sache.
Die Apple ID ist Ihr persönlicher Schlüssel zu vielen Angeboten von Apple. Sie kaufen damit Musik und Filme, kommunizieren mit Freunden und Bekannten, greifen auf Ihre Daten in der Cloud zu und vieles mehr.
Sie sehen, ohne Apple ID ist der Funktionsumfang Ihres neuen iPhones stark eingeschränkt. Zudem ist die Nutzung kostenlos und bietet viele sinnvolle Funktionen.

Eine Apple ID besteht immer aus einer E-Mail Adresse und einem Kennwort.

Deshalb:
Tippen Sie auf Gratis Apple ID erstellen (1).

Erhalten Sie jetzt eine Fehlermeldung, dass die Apple ID nicht erstellt werden kann oder ein Server Fehler vorliegt, wurde Ihre SIM-Karte nicht richtig erkannt. Dann gehen Sie bitte zurück zur Seite 18 und installieren die Karte nochmal.

| HINWEIS:
| Alle mit einer Apple ID erworbenen Produkte können Sie auf **all Ihren Apple-Geräten** verwenden, ohne sie nochmal kaufen zu müssen.

Im nächsten Fenster (2) müssen Sie Ihr Geburtsdatum eingeben. Dazu nehmen Sie mit den 3 **Einstellrädern** am unteren Rand die entsprechenden Einstellungen vor.
Legen Sie den Finger auf eins der Räder (3) am Bildschirm und fahren Sie nach oben oder unten. Während der Einstellungen hören Sie ein leises Klicken als **Rückmeldung** zur Änderung. Sie können die Räder auch anschubsen, sie laufen dann noch eine Zeit von selbst weiter.
Die Daten werden automatisch in der Zeile oben eingetragen.

| Hinweis:
| Dabei bitte ehrlich sein, diese Angabe wird immer wieder für verschiedene Prozesse bzw. Freigaben verwendet und ab und zu auch mal abgefragt.

Alles richtig eingegeben?
Mit einem Tipp auf Weiter (4) kommen Sie zum nächsten Eingabefenster.

GRUNDEINSTELLUNGEN | Apple ID

Hier geben Sie Ihren **Namen** ein.
Bitte auch hier mir Ihrem echten Namen anmelden. Alles andere führt früher oder später zu Komplikationen.

WICHTIG:
Diese Angaben können nachträglich nicht geändert werden!

In unserem Beispiel wird der Name Max Muster verwendet. Sie geben natürlich **Ihren Namen** ein. Also erst Ihren Vornamen über die Tastatur eingeben, dann auf die **zweite Zeile** tippen und den Nachnamen eingeben.

Benötigen Sie Zahlen?
Die finden Sie auf der virtuellen Tastatur bei den Zahlen **(1)**.

WICHTIG:
Keine Umlaute und spezielle Zeichen verwenden. Beschränken Sie sich auf A-Z, 0-9, Bindestrich (-) und Unterstrich (_).

Schreibfehler bei der Eingabe?
Hier: Mister statt Muster
Kann passieren, ist aber ganz einfach zu korrigieren.

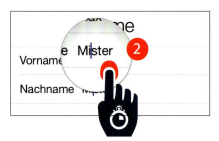

Legen Sie dazu Ihren Finger auf das Wort mit dem Schreibfehler und warten Sie einen Moment. Nach wenigen Augenblicken erscheint eine **Lupe (2)** über dem Wort mit einem **senkrechten blauen Strich**. Das ist der Cursor für die Korrektur.
Bewegen Sie jetzt den Finger nach links bzw. rechts. So lange, bis der blaue Strich **rechts** neben dem falschen Buchstaben ist.
Nehmen Sie **erst dann** den Finger vom Display.

Über dem Text erscheint jetzt eventuell ein Auswahlfeld **(3)** - das ignorieren Sie. Wichtig ist jetzt der blaue Strich, der sich an der richtigen Stelle im Wort befindet.
Tippen Sie jetzt auf die **Löschtaste (4)**, wird der Buchstabe links neben dem blauen Strich gelöscht und Sie können den richtigen Buchstaben eingeben.

Mit einem Tipp ans Ende des Wortes bzw. der Zeile können Sie wieder weiter schreiben.

Apple ID | **GRUNDEINSTELLUNGEN**

Kontrollieren Sie bitte noch einmal die Schreibweise und korrigieren Sie, falls nötig.
Es passt alles?
Dann rechts oben auf Weiter (1) tippen.

Jetzt erscheint die Anzeige zur Erstellung der Apple ID.

HINWEIS:
Haben Sie schon eine E-Mail-Adresse, die Sie als Apple ID verwenden möchten, dann wählen Sie die obere Zeile und geben im nächsten Fenster die Daten ein.

Für unser Beispiel legen wir eine neue, kostenlose E-Mail Adresse in der iCloud an. Dazu tippen Sie bitte auf die zweite Zeile (2).

HINWEIS:
Sie können nachträglich noch weitere E-Mail Adressen anlegen – wenn benötigt. Die kostenlose Adresse in der iCloud ist auf alle Fälle ein guter Start.

Mit einem Tipp auf Weiter (3) wechseln Sie auf die nächste Seite (5).

Die Angaben am unteren Ende des Displays (4) können Sie als Neueinsteiger getrost **ignorieren**. Das ist nur wichtig, wenn Sie bereits ein Apple ID besitzen, die darauf registrierte E-Mail Adresse aber nicht mehr nutzen. Dann können Sie hier die Apple ID mit einer neuen E-Mail verknüpfen.

Erinnerung:
Haben Sie nach jeder Texteingabe etwas **Geduld**, die Daten müssen bei Apple erst geprüft werden. Das kann manchmal bis zu einer Minute dauern.

GRUNDEINSTELLUNGEN | iCloud

Hier müssen Sie den Namen für Ihre E-Mail-Adresse eingeben. Das Problem dabei ist, dass schon unglaublich viele Namen belegt sind. Und so gleicht die Eingabe eher einer Suche als einer Auswahl. Die Eingabemarke (cursor) steht schon an der richtigen Stelle, Sie können gleich lostippen (1).

Mein Vorschlag:
Wählen Sie eine **Kombination aus Buchstaben und Zahlen**, dann sind die Chancen höher, dass der Name noch frei ist.
Benutzen Sie zusätzlich Abkürzungen, dann ist das Tippen **einfacher** und die Gefahr einer Fehleingabe **geringer**.

Beispiel:
Statt max.maier >> max.maier87
oder maxmuster >> mamu92

Verwenden Sie hier nur Kleinbuchstaben!

Der zweite Teil der E-Mail-Adresse ist immer vorgegeben und lautet @icloud.com (Falls gelöscht, bitte so wieder mit eingeben).
Bestätigen Sie die Eingabe mit Weiter (2).

Das iPhone fragt Sie sicherheitshalber, ob das wirklich Ihre E-Mail-Adresse sein soll. Wenn ja, tippen Sie auf Erstellen (3) und der Name wird auf Verfügbarkeit geprüft.
Im „Normalfall" erhalten Sie jetzt die Meldung, dass der Name schon verwendet wird (4).
Diese Meldung bestätigen Sie mit einem Tipp auf OK (5) und starten einen neuen Versuch.

| **WICHTIG:**
| Vergessen Sie nicht, den Namen gleich in
| den Datenspeicher einzutragen.

Erinnerung:
Haben Sie nach einer Texteingabe noch Geduld, die Daten müssen immer erst geprüft werden. Das kann jeweils bis zu einer Minute dauern.

iCloud | GRUNDEINSTELLUNGEN

Wurde der Name akzeptiert, erscheint das Fenster für die Eingabe des Kennworts (1).

WICHTIG:
Die Voraussetzungen für das Kennwort sind sehr genau:

- mindestens 8 Zeichen lang
- mindestens eine Zahl
- mindestens ein Großbuchstabe
- mindestens ein Kleinbuchstabe

Beispiele:
maxMeier4 = richtig
maxmeier4 = falsch (Großbuchstabe fehlt)
r2D2 = falsch (zu kurz)
MeisterJoda = falsch (Zahl fehlt)
max23Mustermann = richtig

Die Anzeige des Kennworts (2) erfolgt zur Sicherheit wieder **verdeckt**. Die Buchstaben und Zahlen werden kurz nach der Eingabe nur noch als Punkte dargestellt. Das bedeutet, Sie können nur ganz kurz bzw. gar nicht sehen, was Sie tatsächlich eingeben. Das ist zwar eine sinnvolle Sicherheitsmaßnahme, führt aber schnell zu Eingabefehlern.

In der Zeile Bestätigen (3) müssen Sie das Kennwort nochmal eingeben.

Haben Sie zweimal das gleiche Kennwort eingegeben (4)? Dann tippen Sie rechts oben auf Weiter (5).

Ist das Kennwort nicht gültig, erscheint eine Fehlermeldung und Sie müssen das Kennwort zweimal neu eingeben.

WICHTIG:
Schreiben Sie Ihr Kennwort jetzt gleich in Ihren Datenspeicher – sicher ist sicher.

Ist das Kennwort akzeptiert worden, kommen Sie zur nächsten Seite mit den Sicherheitsfragen.

GRUNDEINSTELLUNGEN | Sicherheit

Sicher ist sicher

Für den Fall, dass Sie alle bisherigen Zugangsdaten und Kennwörter einmal vergessen, können bzw. müssen Sie hier 3 Sicherheitsfragen hinterlegen. Damit können Sie den Zugang wieder freischalten lassen.

Öffnen Sie durch Tippen auf den Pfeil **(1)** die Auswahl mit den Fragen, wählen eine davon **(2)** und tragen Sie Ihre Antwort über die Tastatur in die Zeile darunter **(3)** ein. Ein Tipp auf **Weiter (4)** bringt Sie zur nächsten Frage.

Insgesamt müssen Sie 3 Sicherheitsfragen erstellen und beantworten. Die Auswahl der Fragen ist immer unterschiedlich.

| **WICHTIG**:
| Haben Sie alle 3 Fragen beantwortet, übertragen Sie
| diese bitte **jetzt gleich** in den **Datenspeicher**.

Hier die Auswahl für die 2. Frage

Werbung | **GRUNDEINSTELLUNGEN**

Haben Sie bereits eine bestehende E-Mail-Adresse, können Sie diese hier eintragen. Im Problemfall wird diese Adresse für die **Sicherheitsabfragen** benutzt.

Für uns spielt das hier keine Rolle,
also einfach auf Weiter (1) tippen.

Ähnlich bei diesem Fenster.
Sie wollen bestimmt keine News, Infos und Werbung per E-Mail >> also einfach auf Weiter (2).

Erinnerung:
Haben Sie nach einer Texteingabe noch **Geduld**, die Daten müssen immer erst geprüft werden. Das kann jeweils bis zu einer Minute dauern.

27

GRUNDEINSTELLUNGEN | Nutzungsbedingungen

Wenn Sie möchten, können Sie hier die kompletten **Nutzungsbedingungen** von Apple lesen oder sich per E-Mail zuschicken lassen.

Mit einem Tipp auf **Akzeptieren** (1) (diesmal rechts unten) sparen Sie eine Menge Zeit und gelangen sofort auf die nächste Seite.

Im nächsten Fenster müssen Sie die Nutzungsbedingungen nochmals bestätigen. Tippen Sie dazu auf **Akzeptieren** (2).

Für einen kleinen Augenblick haben Sie jetzt Pause, die Daten werden übertragen und Ihr Konto erstellt.

| **HINWEIS:**
| Haben Sie kein WLAN und arbeiten nur über die Funkverbindung der SIM-Karte, dauert das Laden von Inhalten eventuell deutlich länger.

iCloud | GRUNDEINSTELLUNGEN

Erklärung:
Die iCloud ist ein **kostenloser Speicherplatz**, den Apple für Sie zur Verfügung stellt. Dort können Sie all Ihre Daten, Einstellungen und Backups lagern und einfach darauf zugreifen.
Auch Ihre neue **E-Mail-Adresse** wird dort verwaltet.

Deshalb – Tippen Sie auf iCloud verwenden (1).

Mein iPhone suchen
Das ist eine wichtige und sinnvolle Funktion, die werden wir auf alle Fälle nutzen
> Tipp auf Verwenden (2).

Erklärung:
Haben Sie Ihr **iPhone** irgendwo liegen lassen, können Sie es aus der Ferne **orten** und gegen Missbrauch **sperren** – ja sogar komplett löschen!
Und natürlich auch wieder finden.

Oder Sie haben sich in der Stadt oder im Wald verlaufen. Dann können andere über diese Funktion Ihren Standort feststellen.

Für die Ortung wird natürlich der Ortungsdienst benötigt, den Sie hier explizit aktivieren sollten (3).

GRUNDEINSTELLUNGEN | Code – TouchID – Siri – Diagnose

Code erstellen
Auf dieser Seite können Sie einen vierstelligen Sperrcode eingeben. Geht das iPhone in den Ruhezustand, müssen Sie diesen Code eingeben, um das iPhone zu entsperren. Sicher sinnvoll, aber erst, wenn alles fertig eingerichtet ist.

Deshalb:
Tippen Sie auf Code nicht hinzufügen (1), das machen wir später. Im Moment würde es mehr stören als helfen.

Bei dem nächsten Fenster mit der Sicherheitsfrage tippen Sie auf Fortfahren.

5 ### Touch ID (nur iPhone 5s)
Gleiches gilt für Touch ID.
Damit könenn Sie Ihr iPhone mit Ihrem Fingerabdruck entsperren. Diese Funktion sollten Sie erst nach dem kompletten Einrichten aktivieren
>> Später konfigurieren

Siri, der Sprachassistent (ab iPhone 4s)
Eine sehr praktische Erweiterung für viele Funktionen. SIRI können Sie Fragen stellen, Texte und E-Mails diktieren und sich sogar Inhalte vorlesen lassen – Raumschiff Enterprise lässt grüßen.
Tippen Sie auf Siri verwenden (2).

Diagnose-Meldungen und Fehlerprotokolle wollen wir nicht automatisch senden.
> Tippen Sie auf Nicht senden (3).

HINWEIS:
Sicher haben Sie schon bemerkt, dass ich es mit dem Datenschutz ernst meine. Automatische Meldung und die Lokalisation all meiner Bewegungen finde ich persönlich nicht so gut. Letztendlich bleibt die Entscheidung aber Ihnen überlassen – und kann später immer noch geändert werden.

LOS GEHT'S

Das letzte Fenster, jetzt ist es gleich so weit.

Lehnen Sie sich zurück und tippen sie auf **Los geht's**

Herzlichen Glückwunsch, Sie haben soeben erfolgreich Ihr iPhone konfiguriert und sind bereit für die große weite Welt des Internets und der modernen Kommunikation. Das Display zeigt Ihnen jetzt den so genannten **Home-Bildschirm** (1) mit den Symbolen der Apps – die Ausgangsbasis aller weiteren Aktionen.

Bevor wir zu der Bedienung der einzelnen Programme (Apps) kommen, hier nochmal ein wichtiger Hinweis:
Haben Sie alle Infos und Kennwörter in den Datenspeicher eingetragen? Noch nicht? Dann bitte jetzt gleich erledigen, bevor all die Wörter und Zahlen vor lauter Begeisterung im hintersten Winkel des Gedächtnisses verschwinden.

Nehmen Sie sich bitte die Zeit und arbeiten Sie Die.Anleitung komplett durch. Um so mehr Freude werden Sie später bei der Bedienung haben.

Mein Vorschlag: Verschaffen Sie sich auf den nächsten Seiten einen ersten Überblick über die Bedeutung der einzelnen Icons [:eikons] = Symbole auf dem Bildschirm.
Und dann **starten Sie mit den E-Mails**. Sie haben ja schon neue Nachrichten erhalten. Das zeigt der kleine, rote Kreis mit der Zahl 2 (2) an.

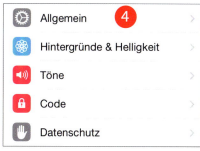

> Zur Erinnerung:
> Mit einem kurzen Druck auf den Home-Button, unten in der Mitte, kommen Sie **immer** zurück zum Home-Bildschirm.

> **Grundlage** für diese Ausgabe ist das Betriebssystems in der Version **7.1.1**. Bitte überprüfen und aktualisieren (= updaten) Sie **jetzt** die Version Ihres iPhones. Tippen Sie dazu auf das Symbol **Einstellungen** (3), den Punkt **Allgemein** (4) und dann auf **Softwareaktualisierung** (5).
> Dort sehen Sie, welche Version des Betriebssystems installiert ist und auch verfügbare bzw. nötige Updates – symbolisiert durch den grauen Punkt (5). Diese Aktualisierung bitte **Laden und Installieren** (7).

ÜBERSICHT | Apps/Programme

FaceTime [:faissteim] >> Seite 82-83
Mit Freunden und Verwandten per Video in Verbindung bleiben.

Kalender >> Seite 102-103
Verwalten von Terminen

Fotos >> Seite 80-81
Ihr neues Foto-Album mit vielen Funktionen

Kamera >> Seite 78-79
Machen Sie Bilder, Schnappschüsse und Videos

Kontakte >> Seite 64-65
Hier verwalten Sie Adressen, Telefonnummern und Kontaktdaten

Uhr >> Seite104-105
Wecker, Stoppuhr und Timer verwenden

Karten >> Seite 106-108
Adressen und Orte finden,
von A nach B navigieren

Videos >> Seite 76-77
Abspielen von Filmen und Videos

Notizen >> Seite 109
Das ist die digitale Version der kleinen gelben Zettel für Notizen aller Art

Erinnerungen >> Seite 110-111
Damit Sie keinen Termin vergessen

Apps/Programme | ÜBERSICHT

INBETRIEBNAHME - Erste Schritte

Game Center [:gaimcenta] 112-113
Spiele und Zeitvertreib

Zeitungskiosk >> Seite 90-91
Magazine & Zeitungen
suchen, lesen, abonnieren

iTunes Store [:eitjuns stor] >> Seite 72-73
Musik & Hörbücher suchen, laden, kaufen

App Store [:äpp stor] >> Seite 92-95
Erweitern Sie die Möglichkeiten ihres iPhone mit
kleinen Zusatzprogrammen (Apps [:äbbs]

Einstellungen >> Seite 116-132
Hier finden Sie die grundsätzlichen
Einstellungen für Ihr iPhone

Nachrichten >> Seite 66-70
Zum Schreiben und Empfangen
von Kurznachrichten (SMS & iMessage)

Programmleiste
Das ist ein spezieller Bereich am unteren Rand
des Bildschirms. Dort können Sie häufig benötigte
Programme/Apps ablegen.
Nach der Erstinstallation finden Sie dort:

Telefon >> Seite 60-63
Ihre persönliche Telefonzentrale

Mail >> Seite 36-43
Hier schreiben und erhalten Sie
elektronische Post

Safari >> Seite 44-59
Damit surfen Sie im Internet

Musik >> Seite 74-75
Das Programm zum Abspielen
von Musik & Hörbüchern

ANZEIGEN - SYMBOLE | Statusleiste

Die Statusleiste am oberen Rand des Bildschirms informiert Sie über:

 Empfangsqualität Mobilfunk

Vodafone.de / Telekom / E-Plus / o.ä. — Name des Mobilfunk-Anbieters

 Flugmodus aktiviert

 Qualität des WLAN-Signals

E / GPRS / 3G / 4G / LTE — Art der Mobilfunkverbindung von langsam (E) bis super schnell (LTE)

 Nicht stören aktiviert

17:35 Uhrzeit

 Persönlicher Hotspot aktiviert

 Synchronisieren aktiv

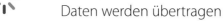 Aktivität
Daten werden übertragen

 Gerät gesperrt

 Wecker eingestellt und aktiv

 Bildschirmdrehung gesperrt

 Ortungsdienste aktiv

 Bluetooth-Verbindung

 Batteriestatus (Ladezustand)

Mail
Zum Schreiben und Empfangen von elektronischer Post (E-Mail)

Safari
Das Tor zur großen weiten Welt des Internets

TELEFON
Fast so wie „damals"

Kontakte
Verwalten Sie komfortabel all Ihre Adressen

Nachrichten
SMS, iMessage und MMS sind kleine, kurze Nachrichten

INTERNET & POST

© jd-photodesign - fotolia.com

Bleiben Sie in Kontakt mit Freunden und Verwandten.
Surfen Sie im Internet und versenden Sie elektronische Nachrichten.

MAIL | Der Einstieg

E-Mail Start
Mit dem Mail-Programm können Sie elektronische Post verschicken und empfangen.

Wenn Sie unten am iPhone auf die Programmleiste blicken, sehen Sie am Mail-Symbol einen roten Kreis mit einer 2. Das bedeutet, Sie haben schon 2 neue Nachrichten.

Tippen Sie bitte auf das Mail-Symbol (1), das sehen wir uns sofort an.

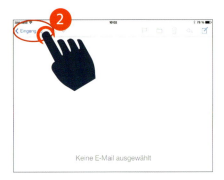

Es öffnet sich nur ein leerer Bildschirm?
Kann passieren, dann müssen Sie erst in das richtige Postfach. Tippen Sie dazu bitte links oben auf Eingang (2), und schon öffnet sich das Eingangs-Postfach und zeigt alle darin befindlichen Nachrichten an. Die neuesten Nachrichten stehen immer ganz oben.

Ein blauer Punkt (3) neben der Nachricht zeigt an, dass Sie sie noch nicht gelesen haben. Aber das werden wir gleich ändern, tippen sie bitte auf die untere Nachricht (4).

HINWEIS:
In der Anleitung verwenden wir statt E-Mail auch gerne den deutschen Ausdruck Nachricht, das liest sich irgendwie freundlicher.

Das Postfach wird ausgeblendet und die Nachricht wird im Vollbild dargestellt (5). Aha, Apple begrüßt Sie ganz herzlich in der iCloud - schön.

Das E-Mail-Fenster in der Übersicht
Ganz oben in der E-Mail befindet sich die Adresszeile mit

(6) Absender: iCloud

(7) Empfänger (An:) Ihre E-Mail-Adresse
Im Beispiel mamu92@icloud.com
(bei Ihnen dann Ihr Name)

(8) Betreff: Willkommen bei iCloud

(9) Datum: Absendedatum und Uhrzeit

Der Einstieg | MAIL

(1) Damit kommen Sie zurück zum Posteingang

(2) Mit den Pfeilen können Sie in den E-Mails blättern, ohne jedes mal zurück in das Postfach wechseln zu müssen. Ist der Pfeil grau, geht es in diese Richtung nicht mehr weiter.

Der Inhalt dieser E-Mail ist momentan nicht wirklich wichtig. Dafür aber die Menüleiste.
Die ist unten am Bildschirm und wird etwas dunkler dargestellt.

Dort finden Sie folgenden Symbole:

Von links nach rechts

Mit der Fahne können Sie wichtige Nachrichten mit einem orangen Punkt markieren.

Wie im richtigen Leben, läuft auch Ihr virtueller Postkasten im Laufe der Zeit über. Dann haben Sie zwei Möglichkeiten: Nicht benötigte Post wegwerfen (=löschen) und/oder die noch benötigten Nachrichten in einem Ordner abzuheften.
Mit dem Ordner-Symbol können Sie genau das tun, Ihre Nachrichten sortieren >> Seite 43.

Mit einem Tipp auf den Mülleimer befördern sie die gerade aktive E-Mail in den Mülleimer. Deshalb ist Sie aber noch nicht endgültig gelöscht, der Mülleimer ist eigentlich nur ein spezielles Postfach!

Mit dem nach links abbiegenden Pfeil können Sie auf eine erhaltene Nachricht direkt antworten, sie weiterleiten oder drucken. Und auch Bilder und Anhänge sichern.

Mit dem Symbol „**Stift auf Papier**" ganz rechts schreiben Sie eine neue Nachricht. Und genau das probieren wir gleich einmal aus.
Tippen Sie dazu 1x (eventuell 2x) auf das Symbol.

MAIL | Die erste E-Mail schreiben

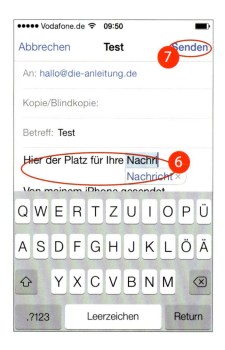

Die erste E-Mail schreiben

Tippen Sie dazu im Mail-Programm auf das Symbol mit dem Stift auf dem Papier (1) >> Der Bildschirm zeigt jetzt eine leere Nachricht und die Tastatur am unteren Ende des Bildschirms öffnet sich.

Als erstes müssen Sie in der Zeile An (2) den Empfänger angeben. Zum Ausprobieren habe ich dafür ein spezielles Postfach angelegt, das automatisch antwortet.
Die Adresse dafür ist hallo@die-anleitung.de.
Geben Sie das bitte in die Zeile „An" ein.

Hinweis:
Verwenden Sie bei der Adresse nur Kleinbuchstaben.
Das @-Zeichen (3) finden Sie auf der Tastatur ganz unten.
Den Bindestrich Mitte unten bei den Zahlen (4).

Tippen Sie dann auf die Zeile Betreff (5)
Diese Zeile hat eine ähnliche Funktion wie die Betreff-Zeile in einem normalen Brief. Tragen Sie hier in kurzen Worten den Grund der Nachricht ein. In unserem Fall ist das ganz einfach „Test".

Der Bereich zwischen der Betreff-Zeile und der Signatur (Von meinem iPhone gesendet) ist für die eigentliche Nachricht reserviert (6). Hier geben Sie Ihren Text ein. Tippen Sie dazu in den leeren Raum (6).

Haben Sie alles fertig eingetragen, **überprüfen** Sie bitte noch einmal die E-Mail des Empfängers. Gerade am Anfang kommt es hier zu Schreibfehlern, die den Versand der Nachricht unmöglich machen. Wenn Sie sicher sind, alles richtig eingetragen zu haben, tippen Sie rechts oben im Fenster auf Senden (7).

Ein Geräusch bestätigt den Versand der Nachricht. Herzlichen Glückwunsch, Ihre erste E-Mail ist unterwegs.

Hinweis:
Die Zeile „Von meinem iPhone gesendet" ist Ihre Signatur am Ende einer Nachricht und wird automatisch erzeugt. Sie kann auch nach Ihren Vorstellungen angepasst werden (S. 127)

Haben Sie Geduld, wenn es mal nicht auf Anhieb klappt.

Grundlagen | MAIL

Das Ergebnis:
Nach kurzer Zeit hören Sie den Signalton für eine neue Nachricht, die Antwort (1) auf Ihre erste E-Mail erscheint in der Liste.
Eventuell müssen Sie dazu über Postfächer zum Eingang navigieren. Die Nachricht ist mit einem blauen Punkt markiert, das bedeutet, sie wurde noch nicht gelesen.

Mit einem Tipp auf die Nachricht (2) wird sie komplett geöffnet. Dann sehen Sie alle Details der Nachricht:
- Absender (hallo@die-anleitung.de)
- Empfänger (Max Mustermann)
- Betreffzeile (Mail Antwort - Test von …)
- Absendedatum (14. Januar 2014 13:22)
- Text der Nachricht
  (Herzlichen Glückwunsch, das hat ja …)

Wir nehmen jetzt einfach mal an, das ist eine wichtige Nachricht und markieren Sie mit einem Tipp auf das Symbol ⚑ (3) mit einer bunten Fahne.
Das Ergebnis: Die E-Mail wird in das Postfach Markiert verschoben und erhält einen gelben Punkt.

Mit einem Tipp auf Eingang (4) kommen Sie zurück zur Listendarstellung im Posteingang. Danach mit einem ein Tipp auf Postfächer (5) zurück zur Übersicht aller aktuell vorhandenen Postfächer:
- Eingang (6)
- VIP (7) (wird nur selten benötigt)
- Markiert (8)
  mit einer 1 in der Zeile, Sie haben ja gerade die Test-Nachricht markiert
- (9) Das Postfach für die gesendeten E-Mails
- (10) Papierkorb mit den gelöschten E-Mails

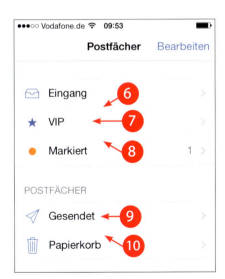

Übung:
Probieren Sie die Navigation zwischen den Postfächern aus, Sie werden sehen, das ist ganz einfach.
Tippen Sie auf Markiert (8), sehen Sie eine Übersicht aller markierten Nachrichten.
Aktuell ist das ja nur eine.
Ein Tipp auf Postfächer (5) bringt Sie wieder zurück zur Übersicht. Überprüfen Sie auch den Inhalt der Postfächer Gesendet (9) und Papierkorb (10).

Aktuelle E-Mails abholen
können Sie, indem Sie in der Übersicht einfach die Postfächer nach unten ziehen. Es erscheint das drehende Rad (11), Ihre Postfächer werden abgefragt.

INTERNET & KOMMUNIKATION

39

MAIL | E-Mail mit Bildern

Bilder verschicken

Für die nächste Funktion müssen wir einen Sprung zu Kamera und Fotos machen. Gehen Sie bitte auf Seite 78, machen Sie ein paar Fotos und kommen Sie wieder auf diese Seite zurück.

Möchten Sie Bilder per E-Mal verschicken, gibt es 2 Möglichkeiten.

Bei der ersten Version starten Sie bei den Fotos.
Öffnen Sie **die Foto-App** mit einem Tipp auf das Fotos-Symbol. Navigieren Sie dort zu den Bildern, die Sie verschicken möchten.
Tippen Sie dann rechts oben auf Auswählen (1).
Tippen Sie jetzt auf die Fotos, die Sie versenden möchten. Die ausgewählten Fotos werden mit einem kleinen Symbol markiert (2).

| HINWEIS:
| Sie können maximal 5 Fotos auswählen.

Mit einem Tipp auf das Weiterverarbeiten-Symbol (3) öffnet sich ein Fenster. Dort wählen Sie mit einem Tipp das Mail-Symbol (4).
Jetzt werden die gewählten Bilder an die Mail-App übergeben und das Mail-Fenster öffnet sich (5).

Nun müssen Sie nur noch den Empfänger (6) eingeben, den Betreff (7) und Ihren Text (8).

Möchten Sie ein Bild löschen, positionieren Sie den Cursor (blau blinkende Textmarke) mit einem Tipp rechts neben dem Bild. Die Tastatur erscheint und Sie können das Bild wie einen Buchstaben löschen.
| TIPP:
| Der blinkende Cursor ist neben dem Bild schwer zu erkennen. Einfacher ist es, den Cursor unter dem Bild zu positionieren und dann zwei mal auf die Löschtaste zu drücken.

Wenn alles fertig ist, drücken Sie auf Senden (9). Bevor die E-Mail verschickt wird, erhalten Sie noch eine Anzeige der Dateigröße (10). Wenn möglich, reduzieren Sie die Größe auf eine verträgliches Maß. Pro Bild können Sie mit einer Dateigröße von ca. 300kb rechnen.
| Denken Sie bitte daran, Nachrichten mit mehr als
| 3MB benötigen auch bei einer guten Internetverbin-
| dung einige Zeit um hochgeladen zu werden.

E-Mail mit Bildern | MAIL

Die **zweite Möglichkeit**, um einer Nachricht zusätzlich Bilder hinzuzufügen, beginnt bei einer neuen E-Mail .

Legen Ihren Finger in den freien Bereich für den Text und lassen Sie den Finger so lange auf der Oberfläche, **bis die Lupe erscheint** (1). So, als ob Sie eine Textkorrektur vornehmen möchten.
Jetzt nehmen Sie den Finger weg und es öffnet sich eine kleine Menüleiste (1). Darin finden Sie auf der rechten Seite die Funktion Foto o. Video einfügen (2) > tippen Sie darauf.

Darauf öffnet sich ein Fenster mit einer Darstellung all Ihrer Ordner und Bilder (3) in der Fotos-App. Wählen Sie den gewünschten Ordner (4) aus, sehen Sie eine **Übersicht** der darin enthaltenen Bilder (5). Tippen Sie auf das gewünschte Bild (6) und Sie erhalten eine große Vorschau des Bildes. Stimmt alles, bestätigen Sie die Wahl mit Auswählen (7). Das Bild wird dann an der aktuellen Stelle des Cursors im Text **eingefügt**.

Weitere Bilder fügen Sie auf die gleiche Art und Weise ein: Cursor positionieren >Bild auswählen

Vor und nach den Bildern können Sie auch noch Ihren Text eingeben.
TIPP:
Es ist einfacher den Text vor dem Einfügen der Bilder einzugeben.

Diese E-Mail mit Bild ist bereit zum Senden

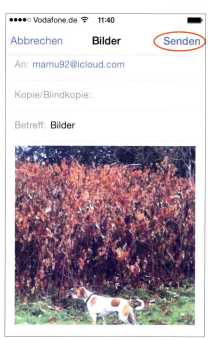

MAIL | E-Mails sortieren / Postfächer anlagen

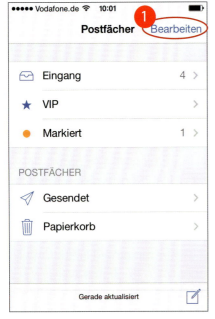

Neues Postfach erstellen

Sie werden feststellen, dass sich Ihr Postfach relativ schnell füllt und unübersichtlich wird.
Da hilft nur eins, die Datenflut muss sortiert werden. Nichts leichter als das. Sie können neue Postfächer, sortiert nach Themen oder Schlagwörtern anlegen. Zum Beispiel für Urlaub, Kinder, Bank, Verein und was Ihnen sonst noch einfällt.

Tippen Sie dazu in der Postfach-Übersicht auf Bearbeiten (1).

Das Fenster erweitert sich und Sie sehen die Liste mit allen bisher verfügbaren Postfächern. Mit einem Tipp auf Neues Postfach (2) können Sie ein neues Postfach anlegen.

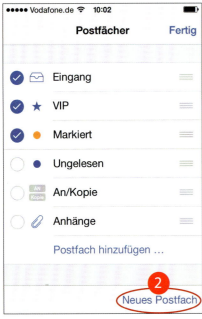

In unserem Beispiel legen wir ein Postfach für alle Nachrichten zum Thema Urlaub an. Also einfach in die obere leere Namenszeile (3) Urlaub eingeben. Dann auf Sichern (4) tippen, und schon haben Sie ein neues Postfach – perfekt.

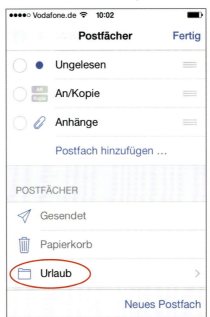

| Hinweis:
| Alle anderen Funktionen ignorieren Sie bitte,
| die sind für den ersten Einsatz nicht wichtig.

Postfächer anlegen | MAIL

Nachdem Sie das neue Urlaubs-Postfach angelegt haben, müssen Sie natürlich auch wissen, wie Sie eine Nachricht dorthin verschieben. Navigieren Sie über Postfächer (1) zurück zum Eingang-Ordner (2).

Beispiel:
Öffnen Sie eine Bild-Nachricht im Eingang (3), tippen Sie auf das Ordner-Symbol (4) und dann auf den neuen Ordner Urlaub (5) – fertig.
Zur Kontrolle öffnen Sie das Postfach Urlaub und überprüfen, ob alles wie gewünscht funktioniert hat.

Probieren Sie auch das Löschen einer Nachricht aus. Öffnen Sie dazu die Bild-Nachricht (jetzt im Postfach Urlaub) und tippen Sie auf das Symbol für den Papierkorb (6). Was ist passiert? Die Nachricht wurde in den Papierkorb verschoben.

HINWEIS:
Damit ist die Nachricht aber noch nicht vollständig verschwunden, sie liegt jetzt einfach nur in einem speziellen Postfach mit der Bezeichnung Papierkorb. Die Nachricht ist also noch nicht endgültig gelöscht, sondern nur **verschoben** worden. Überprüfen Sie doch gleich einmal den Papierkorb, ob alles richtig funktioniert hat.
Dieses **spezielle Postfach** ist so wie ein kleiner Papierkorb unter dem Schreibtisch. Und wie im echten Leben, können Sie auch auf dem iPhone die Nachricht noch mal aus dem Papierkorb herausholen, öffnen und verschieben. Oder endgültig entsorgen = **Nachricht im Papierkorb löschen**.

E-Mail löschen
Dazu gibt es mehrere Möglichkeiten. Die schnellste ist es, auf der Zeile der E-Mail von rechts nach links zu wischen und dann auf Löschen zu tippen (7)-(8). Alternativ können Sie auch die E-Mail öffnen und über das Symbol des Mülleimers (6) löschen.

Über das Mehr-Feld erreichen Sie die Funktionen:
Antworten / Weiterleiten / Markieren
Als ungelesen markieren / In „Werbung" bewegen
E-Mail bewegen … / Abbrechen

Vergessen Sie bitte nicht, den Mülleimer ab und zu tatsächlich auszuleeren und die darin befindlichen E-Mail endgültig zu löschen.

INTERNET | Grundlegendes

Die große, weite Welt des Internets beginnt mit einem einfachen Tipp auf das Safari Symbol. Aber halt, bevor Sie damit starten, etwas **grundlegende Theorie** zu Internet und World Wide Web.
Was ist das und wie funktioniert das?

Das Internet selbst ist eine unglaubliche Anzahl von Computern, verteilt über die ganze Welt. Untereinander verbunden mit modernster Technik. Dieses Netzwerk von Computern bietet verschiedene Programme zur Übertragung von Daten an: E-Mail, www, Telefon, Video und vieles mehr. Das Internet ist also der **Oberbegriff** für viele Anwendungen. Eine davon, neben E-Mail ist sicher das World Wide Web [:wörld weid web]. Und das ist noch gar nicht so alt: Ursprünglich eine Entwicklung für Forschung und Militär, begann **Anfang der 90er** die öffentliche und damit auch kommerzielle Nutzung des Internets.

Stellen Sie sich das World Wide Web wie eine riesige Bibliothek vor. Dort lagern unglaublich viele **Bücher, Magazine, Zeitschriften, Musik, Programme, Daten und Informationen aller Art**. Die Daten des World Wide Web werden über sogenannte Webseiten organisiert. Jede dieser Webseiten hat zur Unterscheidung eine **einmalige Adresse**. Und am Anfang dieser Adressen steht das bekannte www.

Aufbau einer Webadresse am Beispiel von http://www.apple.com

http:// = hyper text transfer protokoll
Genaue Bezeichnung für das Übertragungsprotokoll (wird heute aber nur noch selten angezeigt).

• www = world wide web
Abkürzung für das weltweite Netzwerk aus Computern
• apple = Firmenbezeichnung oder das Thema der Webseite u.ä.
www.bmw.de
www.google.de

• .com = Kürzel für das Land u.ä.
Beispiele:
com = commercial = kommerziell
de = Seite aus Deutschland
uk = Seite aus England
it = Seite aus Italien

Offiziell wird diese einmalige Adresse als URL bezeichnet. URL ist die Abkürzung für Uniform Resource Locator, das bedeutet soviel wie Einheitliche Anzeige der Quelle. Im normalen Sprachgebrauch sagt man dazu ganz einfach: Adresse der Seite.

HINWEIS - Sicherheit
Hat eine Web-Adresse am Ende ein zusätzliches „**s**", also http**s**, dann handelt es sich um eine speziell abgesicherte Verbindung zu einem anderen Rechner. Zum Beispiel beim Einkaufen oder der sicheren Übertragung von Bankdaten.

Eine Website [:webseit] besteht immer aus mehreren Seiten, die Homepage [:hompeytsch] ist die Startseite der gesamten Website.

Elemente, wie Bilder oder Text, die auf andere Seiten verweisen, werden als Link bezeichnet.

Und wie in jeder guten Bibliothek gibt es jemanden, der Sie bei der Suche nach den richtigen Informationen unterstützt. Auf Ihrem iPhone ist das der **Browser** [:brauser] Safari. Damit haben Sie Zugriff auf alle Webseiten und die Suchmaschinen. Eine davon ist google [:guuhgl]. Sicher haben Sie schon einmal von der weltweit bekanntesten und größten Suchmaschine gehört.
Der Browser übernimmt die Darstellung der Daten, die Suchmaschine hilft Ihnen, die gewünschten Informationen zu finden.

Der Browser Safari hat das Symbol einer Kompassnadel, damit Sie immer den richtigen Weg bzw. die richtigen Daten finden.
Jetzt aber genug der grauen Theorie, ab in's Internet.

Grundlegende Bedienung | SAFARI

Ab in's Internet

Wie immer starten wir vom Hauptbildschirm. Drücken dazu einmal auf den Home-Button unten in der Mitte. Dann tippen Sie unten rechts in der Programmleiste auf das Safari Symbol (1) > es öffnet sich eine relativ leere Seite (2). Nur 4 Symbole sind zu sehen. Zum Öffnen der ersten Seite tippen Sie bitte auf den angebissenen Apfel von Apple (3) und warten Sie einen Moment. Ob Daten geladen werden, sehen Sie entweder an dem drehenden Rad (4) oder dem blauen Fortschrittsbalken (4), der sich von links nach rechts bewegt.

Nach kurzer Wartezeit erscheint Ihre erste Website am Bildschirm (5). Alles, was Sie jetzt sehen, wird von einem anderen – eventuell weit entfernten – Rechner zu Ihnen auf das iPhone übertragen.

Die Seite zeigt die Homepage von Apple, dem Hersteller Ihres iPhones und vielen anderen bekannten Produkten. Gut möglich, dass es bei Ihnen nicht genau so aussieht, die **Inhalte werden ja ständig aktualisiert**.

Bevor Sie sich jetzt in den Weiten des Internets verlieren, eine kurze Erklärung der Bedienelemente.

(6) Wenn Sie auf einer Website schon mehrere Seiten besucht haben, können Sie mit diesen beiden Pfeilen vor und zurück blättern.

(7) Mit einem Tipp auf dieses Symbol können Sie die gerade aktuelle Seite weiter bearbeiten
Mehr dazu auf Seite 52.

(8) Das ist das Eingabefeld für Suchbegriffe und Web-Adressen. Details auf Seite 48

(9) Dahinter verbergen sich Verwaltung und Organisation Ihrer persönlichen Favoriten.
Mehr dazu auf Seite 51

(10) Ein Tipp auf dieses Symbol öffnet eine neue, leere Seite. Mehr auf Seite 62

(11) Manche Seiten haben links neben der Adresse noch einen kleines Symbol, ähnlich einem Blatt mit Zeilen. Tippen Sie darauf, wechselt die Darstellung in das reine Textformat. Alle anderen Elemente werden ausgeblendet.
Das kann sehr praktisch sein, insbesondere bei Seiten, die nicht für die Anzeige auf Mobilgeräten optimiert sind.

SAFARI | Die erste Website erforschen

Bleiben Sie doch einen Moment auf der Seite von Apple und schauen Sie sich ein wenig um.

(1) Das Adressfeld
Hier sehen Sie, auf welcher Seite Sie sich gerade befinden. In dieses Feld geben Sie auch neue Adressen und Suchbegriffe ein. Dazu aber später mehr auf Seite 48.

(2) Die Navigationsleiste
ist ein wichtiges Instrument, um zu weiteren Unterseiten mit Informationen zu gelangen – zu navigieren. Diese Art der Navigation gibt es praktisch auf jeder Website, meistens oben oder/und links angeordnet.

(3) Die Navigation zu weiteren Seiten kann auch über optische Symbole und Bilder erfolgen.

(4) Am unteren Ende der Website befinden sich oft organisatorische und rechtliche Hinweise zur Website. Wieder dargestellt in einer Art Navigation.

(5) Navigationspfeile
Nachdem Sie einige Seiten besucht haben, werden diese Pfeile blau und zeigen so an, dass Sie damit vor und zurück blättern können.

Übung:
Probieren Sie es doch einfach mal, tippen Sie auf einen Eintrag in der unteren Bild-Navigation, z.B. auf das iPhone links unten. Was passiert?
Als erstes kommt eine relativ leere Seite **(6)** und eine **kleine blaue Linie**, die sich von links nach rechts bewegt **(7)**. Diese Linie wird als Fortschrittsbalken bezeichnet und zeigt das Laden von Daten an. Ist sie ganz rechts angekommen, sind alle benötigten Daten zur Darstellung der Seite auf Ihr iPhone übertragen worden.

Besuchen Sie noch weitere Unterseiten auf der Apple Seite. Schauen Sie sich um, navigieren und surfen Sie von Seite zu Seite.

Die erste Website erforschen | SAFARI

Sicher wird Ihnen schnell auffallen, dass die Inhalte mancher Webseiten sehr klein dargestellt werden bzw. die Inhalte an den Rändern abgeschnitten sind. Das passiert, wenn Webseiten nicht automatisch an die Auflösung das iPhones angepasst werden.
Jetzt kommt die **geniale Bedienung** des iPhones zum Einsatz.

Legen Sie einen Finger auf das Display (1) und schieben Sie das Display nach oben oder unten. Sehen Sie, wie sich der **Bildschirminhalt** mit Ihrem Finger **bewegt**? Diese Art der Bedienung nennt man scrollen, das bedeutet so viel wie blättern, rollen, verschieben. Das funktioniert nach **oben** und **unten**, wie auch nach **links** und **rechts**. Je nachdem, wo noch Inhalte zu finden sind.
Sie können die Seite sogar anschubsen indem Sie mit Schwung nach oben/unten fahren und dann den Finger vom Display nehmen.

Bei Ihnen bewegt sich nichts, statt dessen wird ein bestimmter Bereich/Wort blau markiert (2) und ein dunkelgraues Feld erscheint? Oder es erscheint ein kleines schwarzes Feld (3). Kein Problem, Sie waren einfach nur **zu lange bewegungslos** mit dem Finger auf einem Fleck.
Tippen Sie einfach neben dem Feld/Fenster in einen freien Bereich auf der Seite, dann wird diese Auswahl wieder gelöscht bzw. das kleine Fenster verschwindet.

ÜBUNG:
Legen Sie einen Finger auf den Bildschirm und fahren Sie dann nach oben oder unten. Sehen Sie, wie sich der **Inhalt verschiebt**? Haben Sie den Bogen raus? Prima.
Üben Sie noch etwas weiter, rufen Sie andere Unterseiten auf, scrollen Sie nach unten und oben, blättern Sie vor und zurück, **machen Sie sich mit dieser grundlegenden Bedienung vertraut**. Das geht ganz schnell.

Inhalte vergrößern

können Sie mit einer 2-Finger-Geste. Legen Sie Daumen und Zeigefinger nebeneinander auf den Bildschirm (4) und bewegen Sie beide Finger dann auseinander.
Das funktioniert auch umgekehrt.
Dann wird der Inhalt verkleinert.

INTERNET & KOMMUNIKATION

47

SAFARI | Eine neues Seite suchen und aufrufen

Genug mit der Apple-Website, jetzt wollen Sie sicher einmal eine andere Website aufrufen. Dazu tippen Sie bitte auf das Seiten-Symbol **(1)** rechts unten. Die aktuelle Seite klappt schräg nach hinten und neue Bedienelemente erscheinen:
(2) Schließen der Seite
(3) Privates surfen aktivieren
(4) Neue, leere Seite öffnen
(5) Zurück zur gerade aktiven Seite

Mit einem **Tipp auf das Kreuz (2)** schließen Sie die aktuelle Seite und gelangen so wieder zur Anfangsseite mit den 4 Symbolen. Aber wohin jetzt, es gibt ja so viele Möglichkeiten? Vielleicht mal zum ZDF, sehen, was heute Abend im Fernsehen läuft?

Tippen Sie einmal in die Adresszeile **(6)** >> Tastatur und die blaue Einfügemarke (Cursor) erscheinen. Geben Sie jetzt über die Tastatur **zdf** ein (Groß- und Kleinschreibung spielt hier keine Rolle).
Schon während der Eingabe erscheinen unterhalb der Adresszeile **erste Ergebnisse (7)** der Suche. Ist das gewünschte Ergebnis dabei, können Sie direkt auf diese Zeile tippen.

Wenn nicht, beenden Sie Ihre Eingabe mit einem Tipp auf die **Öffnen**-Taste.

TIPP:
Viele Suchbegriffe müssen Sie gar nicht komplett eingeben, das iPhone macht schon vorher gute Vorschläge.

Mit einem Tipp auf zdf **(8)** (erste Zeile) wird die Anfrage an die **Suchmaschine google** übergeben, die dann die komplette Liste mit den Ergebnissen präsentiert – und das sind eine ganze Menge **(9)**. Scrollen Sie doch einfach mal nach unten …
Ganz unten links gibt es sogar noch eine Schaltfläche mit **Weiter**. Sie sehen schon, das Internet hat **viele Informationen**, entscheidend ist, dass Sie die gewünschten finden.

ERINNERUNG:
Website [:webseit] ist die Bezeichnung für eine Sammlung von mehreren, einzelnen Webseiten. Die Homepage [:hoampaitsch] ist die Startseite, also **die erste Seite einer Website**. Im normalen Sprachgebrauch werden diese Begriffe auch gerne mal gemischt.

Auf einer Website navigieren | SAFARI

Von der Startseite aus können Sie jetzt weiter zum Programm navigieren. Herzlichen Glückwunsch, jetzt haben Sie den Bogen raus. Und, gibt es heute einen guten Film?
Sie haben sich verlaufen, zu viel, zu schnell auf die unterschiedlichsten Sachen getippt? Über die Pfeiltasten (1) links unten kommen Sie ganz einfach wieder eine Seite zurück bzw. vor.

TIPP:
Auf nahezu allen Webseiten gibt es in der Navigation eine Schaltfläche, Die Sie ganz einfach zurück zur **Startseite der Website** bringt.
Diese Funktion wird häufig als kleines Haus dargestellt, als Wort in der Navigation heißt sie Start bzw. Home oder das Logo des Website-Betreibers ist der Auslöser.
Allen gemeinsam: Tippen Sie darauf, kommen Sie immer zur **Startseite** der Homepage.

TIPP:
Mit den 2-Finger-Gesten können Sie den Inhalt vergrößern und verkleinern. Die gleiche Funktion wird aber auch mit dem Doppel-Tipp ausgelöst:
• 2x tippen = vergrößern
• nochmal 2x tippen = verkleinern

Probieren Sie das doch hier auf der Seite gleich mal aus, Sie werden sehen, das ist **ganz einfach**. Die Gesten funktionieren bei Ihnen nicht? Dann sind Sie gerade auf einer Seite, die bereits für die Darstellung auf mobilen Geräten optimiert wurde. Hier werden oftmals die Möglichkeiten zur Vergrößerung eingeschränkt.

Merken Sie, wie die Zeit vergeht, wenn Sie im Internet unterwegs sind? Und für das Stöbern und Suchen im Internet gibt es natürlich auch einen speziellen Begriff: **surfen [:sörfen]**.

Alle Seiten, die Sie besucht haben, werden im Verlauf gespeichert und können so ganz leicht wieder geöffnet werden. Um den bisherigen Verlauf zu sehen, tippen Sie auf das Buch-Symbol (2) und dann auf die Zeile **Verlauf (3).** Die Liste wird ganz schnell, ganz lang und sollte ab und zu gelöscht (4) werden.

HINWEIS:
Der Inhalt einer Webseite ändert sich oftmals täglich, Ihre Inhalte werden also komplett anders aussehen, als hier dargestellt.

SAFARI | Lesezeichen anlegen und sortieren

Mit einem Tipp auf **Fertig** schließen Sie den Verlauf kommen zurück zur letzten Website.
Ihre Lieblingsseiten müssen Sie aber nicht immer wieder über den Verlauf aufrufen, da gibt es eine bessere Möglichkeiten: Lesezeichen.
Als **Lesezeichen** wird die gespeicherte Adresse einer Webseite bezeichnet. Der englische Begriff dafür ist **bookmark [:bukmark]**.

Und später können Sie die Webseite mit einem Tipp auf das Lesezeichen öffnen.

Zum Organisieren Ihrer Lesezeichen
gibt es **4 Möglichkeiten**:

• **Favoriten**
Hier sollten Sie ihre wichtigsten Webseiten ablegen. Aktuell sind dort 4 Adressen hinterlegt:
Apple, Disney, ARD und Yahoo.
Die Favoriten sind ein Unterordner der Lesezeichen, werden aber in einem extra Fenster dargestellt.

• **Lesezeichen**
Das ist der beste Platz für Ihre Lesezeichen, hier können Sie neue Ordner anlegen und die Lesezeichen nach Ihren persönlichen Bedürfnissen sortieren.

• **Leseliste**
Die Leseliste dient zum Speichern von Webseiten, die Sie später offline, also ohne Internetverbindung, lesen möchten.

• **Home-Bildschirm**
Damit werden die Lesezeichen direkt am Home-Bildschirm neben den Apps abgelegt. Ich persönlich finde das etwas unübersichtlich.

Vorbereitung
Aller Anfang ist eine Webseite, deren Adresse Sie als Lesezeichen speichern möchten. Tippen Sie dazu unten auf der Seite auf das Weiterverarbeitungs-Symbol **(1)**.
Darauf öffnet sich das Auswahlfenster **(2)**.
Dort können Sie jetzt Sie den gewünschten Speicherort bei den Lesezeichen **(3)** wählen.

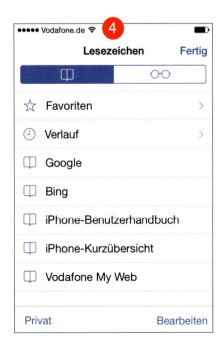

Zur Erinnerung:
So sieht Ihre aktuelle Übersicht **(4)**
der Lesezeichen aus.

Lesezeichen anlegen und sortieren | SAFARI

Favoriten

Für unser Beispiel starten wir auf der Seite des ZDF, und öffnen über das Symbol für die Weiterverarbeitung das Auswahlfenster (1). Dort tippen Sie bitte auf Lesezeichen (2).

In einem neuen Fenster sehen Sie folgende Parameter:
(3) Name für das Lesezeichen
Den können Sie nach Ihren Wünschen umbenennen

(4) Adresse (URL) des Lesezeichens
Hier nichts verändern!

(5) Speicherort
Über den kleinen Pfeil gelangen Sie zu einem weiteren Auswahlfenster.
Für unser Beispiel brauchen wir nichts weiter zu tun, der Speicherort Favoriten (6) ist schon eingestellt.
Tippen also einfach auf Fertig (7).

Das Fenster schließt sich wieder – und nichts ist passiert. Oder doch?
Schließen Sie bitte über das Seiten-Symbol (8) und das X-Symbol (9) alle offenen Seiten. So gelangen Sie wieder zur Anzeige der Favoriten. Und dort sehen das neu abgelegte Lesezeichen vom ZDF.

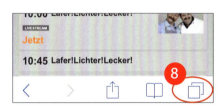

TIPP
Die Favoriten sehen Sie auch, wenn Sie mit dem Plus-Symbol (10) eine neue Seite anlegen.

HINWEIS:
Um Strom zu sparen, geht das iPhone nach kurzer Zeit in den **Schlafmodus**. Dabei wird erst das Display etwas dunkler, um schließlich ganz ausgeschaltet zu werden.
Um weiter zu arbeiten, drücken Sie einmal auf den **Home-Button** (unten Mitte) und wischen dann von links nach rechts über das Display – weiter geht's.
Um das iPhone absichtlich in den Schlafmodus zu versetzen, drücken Sie einmal kurz auf den Ein/Aus-Schalter (rechts oben)

SAFARI | Lesezeichen • Favoriten

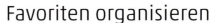

Favoriten organisieren

Tippen Sie auf einer beliebigen Seite auf das Buch-Symbol (1), öffnet sich ein Fenster mit der Übersicht Ihrer Lesezeichen (2). Dort wählen Sie bitte die Zeile mit den Favoriten (3).
Jetzt sehen Sie eine Übersicht der Favoriten (4).
Tippen Sie dort auf bearbeiten (5).

Die Darstellung verändert sich, es gibt neue Symbole: Auf der rechten Seite sehen Sie bei jedem Eintrag 3 kleine Striche (6). Damit können Sie den Eintrag verschieben. Probieren Sie es doch gleich aus. Einfach einen Finger auf die Striche legen, einen Moment warten und nach oben oder unten bewegen (7) und damit die Zeile verschieben.
Haben Sie den neuen Platz erreicht, nehmen Sie den Finger von der Oberfläche.

Super, das klappt doch schon sehr gut.

Für unser Beispiel habe ich folgende Reihenfolge erstellt: ARD > ZDF > Apple > Disney > Yahoo

Lesezeichen • Favoriten | SAFARI

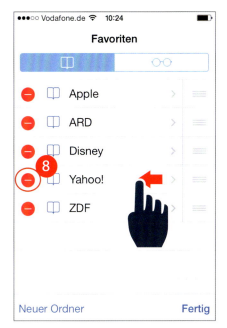

Doch damit nicht genug, die einzelnen Einträge können Sie natürlich auch **löschen**.

Ganz links ist ein roter Punkt mit einem Querstrich zu sehen (8). Damit können Sie Einträge löschen. Tippen Sie zum Beispiel auf den roten Punkt vor Yahoo >> Die Schrift bewegt sich zur Seite und das große Feld für Löschen (9) erscheint. Mit einem Tipp auf dieses Feld wird der Favorit gelöscht.
Die **Lösch-Funktion** können Sie auch durch einen Wisch von rechts nach links in der entsprechenden Zeile aktivieren.

| HINWEIS:
| Die Aktion kann nicht rückgängig gemacht werden!

Löschen Sie doch bitte auch noch den Eintrag für Disney, dann geht's weiter.

Beenden Sie das Bearbeiten und schließen Sie das Fenster mit einem Tipp auf Fertig (10).

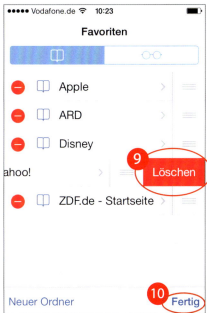

INTERNET & KOMMUNIKATION

53

SAFARI | Lesezeichen bearbeiten

Jetzt sieht die Liste schon **viel übersichtlicher** aus. Haben Sie bemerkt, dass die Favoriten nicht nur in der Liste verschwunden sind, sondern auch auf der Startseite von Safari?

Was vielleicht noch stört, ist die lange Bezeichnung des Lesezeichens vom ZDF. Aber Sie sind genau an der richtigen Stelle, um das zu ändern.

Tippen Sie dazu auf den **kleinen Pfeil** (1) neben dem Text bzw. auf den Text selbst >> der Eintrag wird jetzt erweitert dargestellt (2), die Tastatur ist ebenfalls aktiv. In der oberen Zeile sehen Sie die Bezeichnung der Adresse, in der zweiten Zeile wird die Adresse selbst angezeigt.
Der blaue Cursor ist schon richtig positioniert, am Ende der oberen Zeile. Löschen Sie jetzt mit der Löschtaste (3) alle Buchstaben außer ZDF und bestätigen Sie die Änderung mit Fertig (4).

Beenden Sie jetzt die Eingabe mit einem Tipp auf Fertig (5), schließen Sie alle noch offenen Webseiten und schon sehen Sie eine super aufgeräumte Seite mit den Favoriten (6).

ÜBUNG:
Legen Sie noch weitere Lesezeichen bei den Favoriten ab. Vergeben Sie neue Bezeichnungen, sortieren Sie neu und löschen Sie wieder. **So lange, bis Sie sich wirklich sicher sind**.

Ordner erstellen | SAFARI

Um die Favoriten noch weiter zu **strukturieren und zu organisieren**, können Sie noch Ordner anlegen. Ausgangspunkt dafür ist wieder das kleine Fenster mit der Übersicht aller Lesezeichen.

Ziel ist es, bei den Favoriten einen Ordner mit der Bezeichnung Urlaub zu erstellen. Dort können Sie dann alle Lesezeichen zum Thema Urlaub ablegen. Praktisch, oder?

So geht's:
Über das Fenster mit den Lesezeichen die Favoriten öffnen und dort auf Bearbeiten tippen (Seite 52)

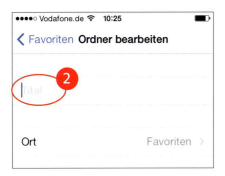

(1) Links unten auf Neuer Ordner tippen

(2) Über die Tastatur Urlaub eingeben

(3) Eingabe mit Fertig (Tastatur) abschließen

Das Ergebnis:
Neben der anderen Lesezeichen gibt es jetzt einen Ordner „Urlaub" **(4)**.

Auf den nächsten Seiten werden wir in diesen Ordner die ersten Lesezeichen legen
>> Ab auf die Bahamas …

HINWEIS:
Zur besseren Übersicht werden auf den folgenden Seiten die einzelnen Bedienschritte und Bildschirmdarstellungen manchmal ohne den Kreis um das Bedienelement dargestellt.

INTERNET & KOMMUNIKATION

SAFARI | Lesezeichen einsortieren

Jetzt nehmen wir einmal an, Sie möchten Ihren nächsten **Urlaub auf den Bahamas** verbringen und dazu erste Informationen sammeln.

Als Erstes müssen Sie eine Seite mit Informationen zu den Bahamas finden. Nichts leichter als das:

(1) Tippen Sie auf die Adresszeile

(2) Geben Sie über die Tastatur die ersten Buchstaben von Bahamas ein.

| HINWEIS:
| Groß- und Kleinschreibung müssen
| Sie nicht beachten

(3) Beobachten Sie die Vorschläge

(4) Tippen Sie auf den Vorschlag Ihrer Wahl

(5) Die Suchmaschine google zeigt die Ergebnisse in einer Listendarstellung

| TIPP:
| Die ersten Suchergebnisse bei Google sind meistens bezahlte Einträge. Sie erkennen sie an dem kleinen gelben Feld mit dem Text Anzeige (6).
| Die echten Suchergebnisse kommen erst darunter.

(7) Tippen Sie auf das erste Suchergebnis
 >> Bahamas Reisen Testsieger - (ein Agebot von ab-in-den-Urlaub) >> die Seite öffnet sich nach einer kurzen Ladezeit >> über das Weiterverarbeitungs-Symbol am unteren Enden öffnen Sie dann das Auswahl-Fenster.
Und dort tippen Sie auf Lesezeichen (8)

Weiter geht's auf der nächsten Seite >>

56

Ordner verschieben | SAFARI

Jetzt öffnet sich das Fenster für die Eingabe eines neues Lesezeichens

(9) Hier sehen Sie den Namen für das Lesezeichen

(10) Ändern Sie den langen Namen
über die Tastatur in: Bahamas Urlaub

(11) Aktuell geplanter Speicherort
Tippen Sie bitte darauf

(12) Listenansicht der möglichen Speicherplätze
Wählen Sie dort den Ordner Urlaub

(13) Das Lesezeichen wir mit dem neuen
Speicherort angezeigt

(14) Bestätigen Sie die Eingabe mit Sichern

ÜBUNG:
Kontrollieren Sie bitte, ob Sie das Lesezeichen für die Bahamas auch richtig abgelegt haben. Dazu brauchen Sie doch keine Anleitung mehr, oder?

So können Sie für all Ihre Interessen und Hobbys einzelne Ordner anlegen und so die Lesezeichen sortieren.
Auch das Verschieben und Umbenennen von Ordnern funktioniert auf diese Art: Bearbeitungsmodus aktivieren >> Änderungen vornehmen >> Speicherort eingeben >> Sichern

Lesezeichen öffnen
Mit einem Tipp auf das Buch-Symbol öffnet sich die Liste mit den bisher erstellten Lesezeichen. Dort können Sie zwischen den **Favoriten**, dem **Verlauf** und Ihren selbst erstellten **Ordnern** wählen.
Haben Sie das gewünschte Lesezeichen gefunden, starten Sie mit einem Tipp auf die entsprechende Zeile die damit verbundene Website.

SAFARI | Weitere Funktionen

Haben Sie eine tolle Seite oder ein super Angebot im Internet gefunden, möchten Sie das vielleicht Ihren **Freunden erzählen**?
Sie können die Adresse natürlich auch am Telefon weitergeben, viel eleganter ist aber der elektronische Weg: Per SMS oder E-Mail.

Wenn Sie also gerade auf der entsprechenden Seite sind, tippen Sie am unteren Displayrand auf das Weiterverarbeitungs-Symbol (1). Es öffnet sich das bekannte Fenster, in dem Sie die Adresse auch als Lesezeichen ablegen können. Aber diesmal schauen wir uns zwei andere Symbole an:
Nachrichten und Mail (2)

Beides macht genau das, was man erwartet. Die Internet-Adresse wird als **aktiver Link** in die Nachricht bzw. die E-Mail eingetragen. Alles was Sie tun müssen, ist den Empfänger anzugeben, auf abschicken/senden tippen, und fertig.
Sie können vor dem Abschicken auch noch zusätzlichen Text einfügen.

Haben Sie einen Drucker mit Air-Print Ausstattung, können Sie über das Symbol für Drucken (3), ganz rechts im Fenster, die aktuelle Seite ausdrucken.

| HINWEIS:
| Je nach Qualität der Programmierung, klappt das
| ausdrucken mal besser, mal schlechter.

Mehrere Seiten gleichzeitig öffnen

Das ist eine sehr praktische Funktion, wenn Sie die Informationen auf unterschiedlichen Seiten vergleichen oder direkt zwischen verschiedenen Seiten wechseln möchten.
Tippen Sie auf das Seiten-Symbol (4) in der rechten unteren Ecke, sehen sich eine spezielle Darstellung aller offenen Seiten. Hier können Sie direkt eine andere Seite auswählen.
Über das Plus-Symbol (5) öffnet sich die Safari Startseite mit den Favoriten. Dort können Sie dann eine Lesezeichen auswählen oder einen neuen Suchbegriff eingeben.
Mit einem Tipp auf das kleine Kreuz (6) schließen Sie eine Seite.

Privat (7) ist ein spezieller Modus, bei dem keine Verlaufsdaten gespeichert werden. Adressleiste und die Bearbeitungsleiste werden dann negativ dargestellt.

Zusammenfassung | **SAFARI**

Das haben Sie in diesem Kapitel gelernt:

• Internet Grundlagen
  Seite 44

• Aufrufen einer Internet-Seite
  Seite 45

• Navigieren auf einer Seite
  Seite 46-49

• Ablegen und Sortieren von Lesezeichen
  Seite 50 - 57

• Schließen einer Seite
  Seite 58

• Mehrere Seiten gleichzeitig öffnen > Seite 58

• Die Seite drucken
  Seite 58

• Die Adresse per SMS oder E-Mail verschicken
  Seite 58

Das Internet, eine schier unendliche Quelle von Informationen. Zu jeder Frage, die Sie haben, finden Sie dort hunderte, wenn nicht gar tausende von Antworten.
Aber bedenken Sie eins: Das Internet ist **kein Garant für die Wahrheit**. Viele Aussagen sind einfach nur die Meinung von einzelnen Privatpersonen, mit all Ihren unterschiedlichen persönlichen Ansichten.
Neben all den brauchbaren Informationen wird im Internet auch eine Menge Blödsinn verbreitet. Ist ja auch ganz einfach, sich hinter einem fiktiven Namen zu verstecken.
Gleiches gilt auch für die Kommentare und Bewertungen von Anbietern, Produkten und Reisen. Nehmen Sie nicht alles für bare Münze, was Sie da lesen werden. Es gibt Firmen, Agenturen und einzelne Personen, die nichts anderes machen, als fiktive Bewertungen und Kommentare zu schreiben.

Newsletter [:njusletter] abonnieren

Ein Newsletter ist eine aktuelle Information zu einem bestimmten Thema oder auch einfach nur besondere Angebote. Auf vielen Websites können Sie sich für die automatische Zustellung eintragen.
Im Prinzip eine prima Sache. Sie erhalten regelmäßig Infos zu den für Sie interessanten Themen. Fangen Sie am Besten **langsam** an, melden Sie sich bei maximal 5 Newslettern an. Dann bekommen Sie ein Gefühl dafür, wie das funktioniert, ob die Informationen überhaupt brauchbar sind und wie Sie sich wieder abmelden.
Den Link zum Abmelden finden Sie meistens ganz am Ende eines Newsletters, in ganz kleiner Schrift. Ein Tipp auf diesen Link bringt Sie – normalerweise – zur Homepage des Versenders, und dort direkt zum Abmeldeprozess.

Persönliche Daten

Stellen Sie sich bei Abfragen immer wieder die Frage: Würde ich diese Informationen im echten Leben all meinen Bekannten, Verwandten, am besten gleich allen Anderen erzählen? Im Prinzip der ganzen Welt? Denken Sie daran, das Internet vergisst nichts.
Geben Sie Ihren gesunden Menschenverstand nicht am Eingang zum Internet ab.

INTERNET & KOMMUNIKATION

59

TELEFON | Anruf machen

Telefonieren

kann das iPhone natürlich auch. Das Symbol für die Telefon-App finden Sie am unteren Rand des Displays in der Programm-Leiste. Starten Sie die App mit einem Tipp auf das Symbol, sehen Sie ein übersichtliches Fenster mit klassischer Wähltastatur und folgenden Symbolen:

(1) Favoriten
Hier können Sie Ihre meistgenutzten Telefonnummern bzw. Kontakte ablegen

(2) Anrufliste
aller ein- und ausgehenden Telefonate

(3) Kontakte
Über dieses Symbol kommen Sie zu Ihren Kontakten und können von dort einen Anruf starten

(4) Ziffernblock
Die normale Wähltastatur

(5) Voicemail (Anrufbeantworter)
Zum Abhören von Nachrichten auf Ihrem Anrufbeantworter und dem Erstellen einer eigenen Ansage.

Das erste Telefonat

starten Sie am einfachsten mit dem Ziffernblock und rufen direkt bei Ihnen Zuhause an. Dazu geben Sie bitte die Telefonnummer über die „Tasten" ein. Während der Eingabe sehen Sie oberhalb der Tastatur **(6)** die gerade eingegebene Nummer. Korrekturen machen Sie mit dem Löschen-Symbol **(7)**. Haben Sie bereits einen Kontakt mit dieser Nummer angelegt, wird am Ende der Eingabe der Name und das hinterlegtes Bild angezeigt.
Mit einem Tipp auf das grüne Hörer-Symbol **(8)** wird die Verbindung aufgebaut. Nimmt die Gegenstelle den Anruf entgegen, wechselt die Darstellung in einen aktiven Modus **(9)** mit diesen Bedienelementen:

(10) Mikrofon aus- einschalten

(11) Ziffernblock für weitere Eingaben einblenden

(12) Lautsprecher aus- einschalten

(13) Einen weiteren **Anruf** starten
(Dann Auswahl zwischen Wechseln und Konferenz)

(14) In den **Facetime**-Modus wechseln
(Geht nur, wenn der Gegenüber auch ein Apple-Gerät hat)

(15) Kontakte einblenden

Das Gespräch beenden Sie mit einem Tipp auf den roten Telefonhörer **(16)**.

Favoriten verwalten | TELEFON

Sicher haben Sie einige Freunde und Bekannte, mit denen Sie häufiger telefonieren. Da macht es Sinn, diese Kontakte in den Favoriten abzulegen und von dort anzurufen.

Öffnen Sie die Favoriten-Liste mit einem Tipp auf das Stern-Symbol (1). Über das Plus-Symbol (2) können Sie dann aus Ihren Kontakten den gewünschten Teilnehmer hinzufügen.
Haben Sie, wie hier im Beispiel gezeigt, schon eine Liste angelegt, könne Sie diese auch bearbeiten.
Tippen Sie auf das i-Symbol (3) um mehr Infos zu einem Eintrag zu erhalten.

Einträge löschen

Mit einem Wisch von links recht über die Zeile wird das Lösch-Feld (4) angezeigt. Das Gleiche erreichen Sie auch mit einem Tipp auf Bearbeiten (5) und dann auf das Kreis-Symbol (6) am Rand der Zeile.

Einträge sortieren

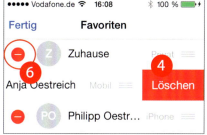

Über das Listen Symbol (7) können Sie die Reihenfolge der Einträge Ihren Wünschen anpassen: Den Finger auf das Symbol legen, einen Moment warten und dann verschieben.

Voicemail

ist ihr ganz persönlicher Anrufbeantworter. Tippen Sie unten auf Voicemail, öffnet sich ein neues Fenster. Dort können Sie Nachrichten (8) abhören und löschen.
Und auch einen eigenen Begrüßungstext (9) aufnehmen und abspielen. Sind Sie zufrieden, bestätigen Sie mit Sichern (10). Als Standard wird Anrufern die eigene Nummer vorgelesen.

INTERNET & KOMMUNIKATION

TELEFON | Anrufliste bearbeiten

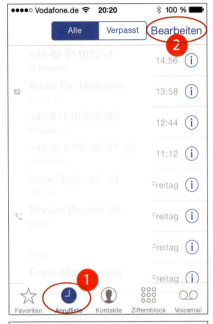

In der Anrufliste sehen Sie alle Anrufe, die über dieses Telefon gemacht worden sind, eingehende, ausgehende und nicht angenommene. Immer verbunden mit der zeit des Anrufs.
Ist der Rufnummer ein Kontakt zugeordnet, wird direkt der Name angezeigt.

Zur Ansicht tippen Sie bitte unten auf das Symbol **Anrufliste (1)**.

Benötigen Sie einen Eintrag nicht mehr, sollten Sie ihn löschen. Das erhöht die Übersicht deutlich. Funktioniert ähnlich wie bei den Favoriten (S. 61) nur steht diesmal **Bearbeiten (2)** auf der rechten Seite.
Mit einem Tipp darauf erhalten alle Einträge auf der linken Seite das Symbol für Löschen **(3)**.
Mit einem Tipp erscheint dann das Löschfeld **(4)** mit dem Sie die Aktion unwiderruflich ausführen..

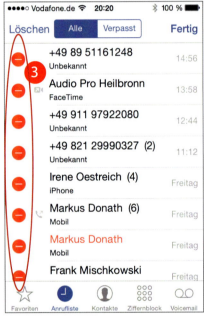

Sie beenden die Löschaktion mit einem Tipp auf **Fertig (5)**.

TIPP:
Die Löschfunktion können Sie auch mit einem **rechts-nach-links-Wisch (6)** über die jeweilige Zeile aktivieren.

Anruf annehmen | **TELEFON**

Eingehende Anrufe werden durch den eingestellten Klingelton und Vibrieren gemeldet. Beides können Sie nach Ihren Wünschen einstellen >> Seite 124. Egal, welche App oder welcher Bildschirm gerade aktiv ist, der Anruf wird zusätzlich auch optisch signalisiert. Das Telefon überlagert den aktiven Bildschirm, Sie sehen sofort wer anruft.

• Darstellung am Sperrbildschirm (1)
Zum Annehmen von links nach rechts wischen (2)

• Darstellung am Home-Bildschirm bzw. App (3)

Mit einem Tipp auf Annehmen (4) starten Sie das Telefonat.

Möchten Sie den Anruf gerade nicht annehmen, können Sie mit einem Druck auf die Einschalttaste (rechts oben) das lästige Klingeln abstellen und der Anrufer wird abgewiesen.
Damit geht es am schnellsten, Sie müssen das iPhone nicht mal aus der Tasche holen.
Alternativ Tippen Sie auf Ablehnen (5), der Anrufer wird dann zur Mailbox (Anrufbeantworter) weitergeleitet.

Haben Sie etwas mehr Zeit, können Sie dem Anrufer auch eine Nachricht per SMS/iMessage zukommen lassen. Tippen Sie dazu auf die kleine Sprechblase, das Nachrichten-Symbol (6). Dann öffnet sich ein Fenster (7), in dem Sie die gewünschte Nachricht auswählen können oder einen eigenen Text verfassen eingeben.

Diese Auswahl können Sie auch nach Ihren eigenen Vorstellungen ändern. Siehe Seite 128.

Während eines Telefonats

können Sie auch weitere Funktionen ausführen. Nehmen Sie das iPhone vom Ohr, erscheint automatisch wieder die Oberfläche mit weiteren Einstellmöglichkeiten (Seite 60 unten).
Sie können auch in eine andere App wechseln. Dann sehen Sie zur Erinnerung an den aktiven Anruf am oberen Rand des Displays einen grünen Balken. Mit einem Tipp darauf kommen Sie zurück zum Anruf.

INTERNET & KOMMUNIKATION

KONTAKTE | Adressen eingeben

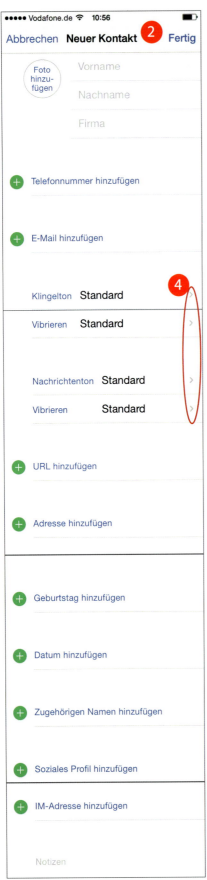

Kontakte und Adressen

Mit der Kontakte-App können Sie die Adressen und Kontaktdaten von all Ihren **Bekannten, Verwandten** und auch **geschäftliche Kontakte** abspeichern, verwalten und durchsuchen.

Beim ersten Start der App ist auf dem Bildschirm noch kein Eintrag zu sehen. Mit einem Tipp auf das **Plus-Symbol (1)** öffnet sich das Eingabefenster (2) für einen neuen Kontakt. Tippen Sie dann auf eine Zeile, erscheint die Tastatur und Sie können sofort mit der Eingabe beginnen.

Es gibt Felder für alle Art von Daten, Sie können sogar neue Felder hinzufügen und dem Kontakt ein Bild zuweisen.
Haben Sie schon viele Kontakte eingetragen, können Sie mit dem Suchfenster (3) gezielt nach einem Namen oder einer Adresse suchen.

Mit einem Tipp auf den kleinen Pfeil (4) am Ende einer Zeile öffnet sich ein Fenster mit einer Auswahl zu diesem Thema. Das können Klingeltöne sein, aber auch die Neubeschriftung (5) des Feldes.

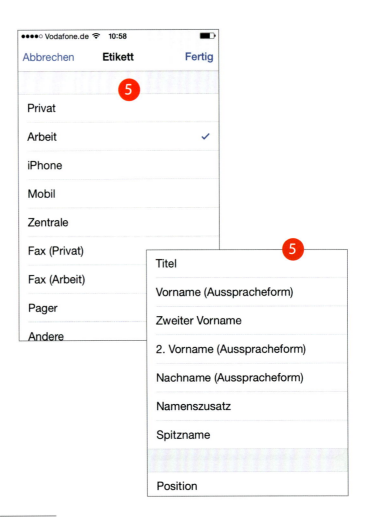

Adressen eingeben | KONTAKTE

Und so sieht das **Adressfenster** (1) während der Eingabe aus. Tippen Sie auf eine Zeile, können Sie über die Tastatur die Daten eingeben. Buchstaben und Zahlen passen sich automatisch an.
Wenn Sie in einer Zeile etwas eintragen, öffnet sich sofort eine neue Zeile für ähnliche Angaben. Tragen Sie dort nichts ein, wird diese leere Zeile beim Speichern wieder entfernt.

Geben Sie einen Geburtstag ein, wird das Datum automatisch in den Kalender übertragen.

Mit einem Tipp auf den kleinen, roten Kreis (2) wird das Löschen-Symbol (3) eingeblendet und Sie können diese Zeile löschen

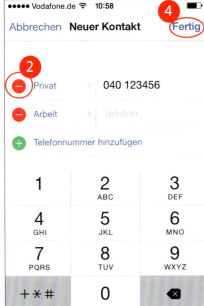

Wenn Sie mit den Eingaben fertig sind, tippen Sie rechts oben auf **Fertig** (4) und die Adresse wird gespeichert.

Mit **Bearbeiten** (5) können Sie auch nachträglich noch Änderungen vornehmen.

Unterhalb der Zeile für die Telefonnummer gibt es den Eintrag für Facetime mit 2 Symbolen:

- Tippen Sie auf das Kamera-Symbol wird über Facetime eine Video-Verbindung zu diesem Kontakt hergestellt.

- Mit dem Telefonhörer stellen Sie eine „normale" Verbindung ohne Bild über Facetime her.

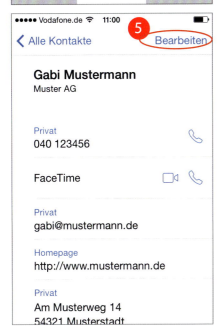

HINWEIS:
Facetime ist der weltweit kostenlose Dienst von Apple, funktioniert aber nur zwischen Geräten von eben diesem Hersteller. Dass diese beiden Symbole hier angezeigt werde, bedeutet nicht automatisch, dass auch eine Verbindung über Facetime möglich ist.

NACHRICHTEN | SMS und iMessage

Kurznachrichten

SMS und iMessage sind **kurze Textnachrichten**, mit denen Sie mit anderen in Verbindung bleiben können. Diese Nachrichten werden an die **Telefonnummer** des Empfängers verschickt, nicht an seine E-Mail Adresse.
Sie sind damit eine einfache Möglichkeit, eine Nachricht zu schicken, ohne groß die E-Mail-App zu starten.

Das Fenster in der Übersicht
(1) Das Eingabefenster
(2) Empfänger
(3) Zusätzliche Empfänger eingeben
(4) Inhalt und Verlauf einer „Unterhaltung"
(5) Bild mitschicken (anhängen)
(6) Textfeld für die eigentliche Nachricht
(7) Nachricht senden

Was ist der Unterschied zwischen SMS und iMessage?

iMessage [: ei-messetsch] ist ein Kommunikationsdienst von Apple mit dem Sie Texte **und** Bilder verschicken können – an Telefonnummern und/oder E-Mail-Adressen. Das Versenden und Empfangen von iMessage-Nachrichten ist weltweit **kostenlos**, funktioniert aber **nur zwischen Apple-Geräten**!

SMS ist ein kostenpflichtiger Kommunikationsdienst der Mobilfunkanbieter zum Übertragen von Textnachrichten mit bis zu 160 Zeichen. Nahezu alle modernen Telefone können eine SMS verschicken bzw. empfangen.
SMS [:es-em-es] ist die Abkürzung für **S**hort **M**essage **S**ervice. Übersetzt: Kurznachricht

Schicken Sie mit der SMS noch ein Bild mit, wird aus der SMS eine **MMS**. Damit wird auch die Begrenzung der Zeichen aufgehoben. Für den Versand und den Empfang einer MMS muss das Telefon extra eingestellt werden und oftmals wird eine extra Gebühr fällig!

MMS [:em-em-es] ist die Abkürzung für Multi Media Service.

Das Display für Nachrichten zeigt den Verlauf einer „Unterhaltung" mit den Bildern, so können Sie direkt darauf Antworten.

SMS und iMessage | **NACHRICHTEN**

Die erste Nachricht schreiben

Starten Sie die App mit einem Tipp auf das Nachrichten-Symbol in der Programmleiste, sehen Sie entweder ein leeres Fenster (1) mit Suchfeld oder gleich das Eingabefenster für eine Neue Nachricht (2).
Bei einem leeren Fenster tippen Sie bitte auf das Schreiben-Symbol (3) und öffnen so das Eingabefenster für eine neue Nachricht.

Tippen Sie in das AN-Feld (4) und geben Sie den Empfänger ein. Zum Üben verwenden Sie am besten **Ihre eigene** Mobilfunknummer (5), dann sehen sie die Nachricht als Sender und Empfänger.

Erinnerung:
Die Zahlen der Tastatur erreichen Sie über (6). Über dieses Feld wechseln Sie auch wieder zurück zu den Buchstaben.

WICHTIG:
Schon vor bzw. während der Texteingabe können Sie feststellen, ob die Nachricht als SMS oder als iMessage verschickt wird. Und zwar an 3 Punkten:
SMS = grün/grau <> iMessage = blau

- der Überschrift im Eingabefenster
  Neue Nachricht <> Neue iMessage

- der Textfarbe des Empfängers (5)
  grün <> blau

- der Textfarbe des Befehls Senden(8).
  grau <> blau

Zurück zur aktuellen Nachricht:
Im Textfeld für die Nachricht (7) geben Sie TEST ein und schicken Sie die Nachricht mit einem Tipp auf Senden (8) los.
Kurze Zeit später hören Sie zwei Signaltöne. Den ersten zur Bestätigung des **Versandes** und gleich danach den zweiten für den Empfang einer neuen Nachricht. Die empfangene Nachricht wird auch gleich in der Liste angezeigt (9).

Auf der rechten Seite sehen Sie die gesendeten Nachrichten, auf der linken Seite die empfangenen. Unterhalb einer gesendeten Nachricht können Sie sehen, ob sie zugestellt bzw. schon gelesen wurde.

NACHRICHTEN | SMS und iMessage

Eine Textunterhaltung fortsetzen
Wählen Sie dazu mit einem Tipp in der Nachrichtenliste den gewünschten „Gesprächspartner" (1) aus und der bisherige Verlauf wird angezeigt. Jetzt können Sie direkt im Texteingabefeld (2) Ihre neue Nachricht eingeben – und gleich senden.

Eine Textunterhaltung löschen
Mit einem Wisch von rechts nach links wird das Löschen-Symbol angezeigt, das Sie mit einem Tipp bestätigen können und somit die Unterhaltung aus dem Verlauf löschen.

Ein Bild hinzufügen
Tippen Sie dazu auf die kleine Kamera (3) neben dem Eingabefeld >> ein kleines Auswahlfenster (4) öffnet sich.
Dort können Sie entweder ein **neues Bild/Video** aufnehmen oder ein bestehendes aus dem **Album** auswählen. Für unser Beispiel verwenden wir ein bestehendes Bild aus dem Album.
Navigieren (5) Sie zu dem gewünschten Bild (6) und bestätigen Sie Ihre Auswahl mit einem Tipp auf **Auswählen** (7) >> das Bild erscheint jetzt direkt in der Nachricht (8), unter dem eingegebenen Text.
Wenn alles passt, drücken Sie auf Senden (9).

HINWEIS:
Sie können nacheinander auch mehrere Bilder zu einer Nachricht hinzufügen, denken Sie aber bitte daran:
Hat der Empfänger gerade keine gute Internetverbindung, ist er mobil unterwegs, muss er eine **große Datenmenge** laden.
Auch wenn er eigentlich nur den Text lesen möchte.

WICHTIG:
Ist der Empfänger kein Apple-User, wird aus der SMS plötzlich eine MMS. Diese ist dann häufig mit **Kosten** verbunden.

SMS und iMessage | **NACHRICHTEN**

Jetzt wandert die Nachricht in den Sendebereich der Unterhaltung (10) und oben erscheint der blaue **Fortschrittsbalken** (11) der Datenübertragung.

Die Übertragungsgeschwindigkeit der Daten ist abhängig von der Qualität Ihrer aktuellen Verbindung – **haben Sie Geduld**.

Nach kurzer Zeit ertönt der Signalton für eine neue Nachricht und das Bild (mit Text) erscheint im Verlauf (12).

Mit einem Tipp auf das Bild wird es als **Vollbild** (13) dargestellt – mit schwarzem Rand und eventuell ohne weitere **Bedienelemente**. Um diese wieder sichtbar zu machen, tippen Sie einfach nochmal auf das Bild. Wurden mit der Nachricht mehrere Bilder geschickt, sehen Sie eine Übersicht.
Das gewünschte Bild selektieren Sie durch einen Tipp auf Auswählen (14).
Darauf ändert sich die Darstellung und ein weißer Rand wird angezeigt. Tippen Sie dort auf das Symbol für die Weiterverarbeitung (15), öffnet sich ein Fenster (16), das Ihnen verschiedene Möglichkeiten anbietet: Das Bild
(a) in einer anderen Nachricht verwenden
(b) mit einer E-Mail versenden
(c) bei sozialen Netzwerken einstellen
(d) in einem Foto-Album sichern
(e) einem Kontakt als Passfoto zuweisen
(f) kopieren
(g) drucken

Die Funktion **AirDrop** dient zum Austausch von Daten zwischen 2 Geräten, die nur wenige Meter voneinander entfernt sind.
Die Einstellungen dafür sind relativ kompliziert, diesen Service werden wir bis auf weiteres nicht verwenden.

NACHRICHTEN | SMS und iMessage

Empfänger aus dem Adressbuch

Haben Sie Ihr Adressbuch schon gefüllt, können Sie den/die Empfänger auch direkt auswählen.

Dazu gibt es 2 Möglichkeiten:

1. Mit einem Tipp auf das Plus-Symbol (1) öffnet sich das Adressbuch (2). Dort können Sie über die Suchfunktion oder durch Verschieben (scrollen) nach dem gewünschten Namen suchen.

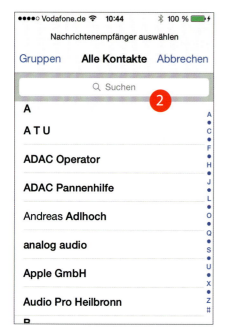

2. Geben in die Zeile für die Empfänger (An:) den Namen ein (3). Schon nach der Eingabe der ersten Buchstaben wird eine Auswahlliste (4) angezeigt. Sie brauchen dann nur noch auf den richtigen Vorschlag tippen, und der **Name** wird als Empfänger eingetragen.

Mehrere Empfänger eingeben

Gleiches Spiel, entweder geben Sie direkt einen 2. Namen ein oder gehen über das Plus-Symbol zum Adressbuch.

Empfänger löschen:

Eingetragene Empfänger (Namen bzw. Nummern) können Sie nicht korrigieren, sondern nur komplett löschen. Positionieren dazu die Einfügemarke (cursor) rechts neben dem Empfänger und tippen Sie dann auf **Löschen** (6). Der Empfänger wird negativ dargestellt (5) und mit einem erneuten Tipp auf die Lösch-Taste (6) gelöscht.

WICHTIG:

Haben Sie mehrere Empfänger eingetragen, die unterschiedliche Technik nutzen (iMessage<> SMS) werden auch die „kostenlosen" iMessage-Empfänger per SMS benachrichtigt..

70

iTunes Store
Suchen und kaufen Sie Musik, Filme Hörbücher und Fernsehserien.

Musik
Das ist Ihre ganz persönliche Jukebox.

Videos
In diesem Kino laufen immer Ihre Lieblingsfilme.

Kamera
Damit machen Sie Bilder und Videos in bester Qualität.

Fotos
Ein riesiges Fotoalbum zum Speichern und Verwalten Ihrer Erinnerungen.

FaceTime
Video-Telefonate mit der ganzen Welt - kostenlos.

MULTIMEDIA

© jackfrog - fotolia.com

Bauen Sie Ihre persönliche Musiksammlung auf, machen Sie Fotos und führen Sie Video-Telefonate mit entfernten Freunden und Verwandten.

iTUNES STORE | Musik suchen und laden

Der iTunes Store

Im iTunes Store von Apple finden Sie Musik, Filme, Fernsehserien und Hörbücher. Die Bedienung ist relativ einfach:
Sie suchen den gewünschten Titel, hören kurz rein oder sehen sich den Trailer an und kaufen dann. Sie sehen schon, hier dreht sich alles um's Geld ausgeben.

Auf der Startseite des iTunes Stores wird oben am Bildschirm die **Navigation** nach Genre, Im Spotlight, Charts (1) und unten die Auswahl nach Art des Mediums (2) . Dazwischen befindet sich immer eine vorsortierte Auswahl. Hier können Sie nach Belieben stöbern. Schieben Sie rauf, runter, nach links und nach rechts – wie Sie möchten.

Über einen Tipp auf Genre öffnet eine Auswahl (5) mit der Sie die Suche eingrenzen können.

Aber es gibt noch mehr:
Oben in der Auswahlleiste findet sich ganz rechts ein kleines **Listen-Symbol** (3). Damit gelangen Sie zu Ihrer **Wunschliste** und zur Vorschau. Die Wunschliste können Sie über die Detailseite selber füllen, die Vorschau zeigt zeigt Ihnen die zuletzt angeklickten Vorschauen.

Hinter dem Mehr-Symbol (6) verbergen sich noch weitere Auswahl- und Anzeigemöglichkeiten:
• Hörbücher
• Töne (Klingeltöne)
• Genius (nach Ihren Vorlieben erstellte Auswahl)
• Gekaufte Artikel
• Downloads

WICHTIG:
Ganz unten (4) im Hauptfenster wird die Möglichkeit zum Anmelden bzw. Ihre Apple ID angezeigt. Darüber finden sich die Möglichkeit einen Gutschein einzulösen und Artikel aus dem iTunes Store als Geschenk zu verschicken. Gutscheinkarten können Sie mittlerweile in jedem Supermarkt kaufen. Die Bedienung ist selbsterklärend.

Die Bedienung ist für Musik, Filme, TV und Hörbücher gleichbleibend, lediglich die Farbgestaltung ändert sich.

Musik suchen und laden | iTUNES STORE

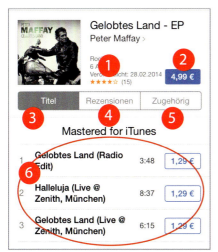

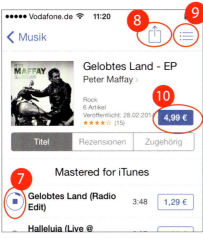

Beispiel
mit einem Musikalbum. Tippen Sie dazu auf ein Album Ihrer Wahl >> es öffnet sich die Detailseite. Dort gibt es **einiges zu sehen**.

(1) Anzahl und Durchschnitt der bisherigen Rezensionen

(2) Preis für das gesamte Album
Mit einem Tipp darauf starten Sie den Kaufprozess

(3) Titelübersicht

(4) Rezensionen lesen

(5) Andere Werke des Künstlers und ähnliche Titel

(6) Einzeltitel mit Laufzeit und Preis
Mit einem Tipp auf die Titelzeile **(7)** hören Sie einen Ausschnitt. Sind die Titel noch grau dargestellt, ist ein Vorhören nicht möglich.

(8) Tippen Sie auf dieses Symbol, öffnet sich ein kleines Fenster in dem Sie die den Link zum Titel per Nachricht, E-Mail, Twitter und Facebook verschicken können.
Sehr praktisch ist die Möglichkeit, den Titel zur persönlichen Wunschliste hinzuzufügen **(9)**.
So können Sie interessante Titel erst einmal vormerken. Aus unerfindlichen Gründen wird diese Möglichkeit aber nicht bei allen Titel angezeigt ...

Den Zahlungsvorgang
starten Sie mit einem Tipp auf das Preisschild **(10)** >> das Feld wechselt auf grün. Jetzt können Sie mit einem erneuten Tipp darauf den Bezahlvorgang starten. Dann folgen diverse Fenster mit Sicherheitsabfragen und Eingabe der Kennwörter und Bankdaten.

Haben Sie bereits Ihre **Zahlungsdaten** eingegeben, werden Sie direkt zum Kaufabschluss weitergeleitet. Wenn nicht müssen Sie sich zur Eingabe der Kontodaten durchklicken, die Informationen eingeben und die Eingaben mit einem Tipp auf Fertig bestätigen.
Zu jedem Einkauf erhalten Sie eine Bestätigung per E-Mail.

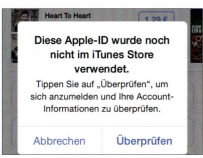

MUSIK | Sortieren – Organisieren – Abspielen

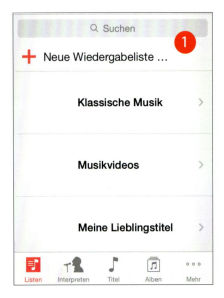

Musik - Musik - Musik

Die Musik-App ist Ihre ganz persönliche Jukebox. Hier organisieren Sie Ihre komplette Musik-Bibliothek und erstellen Wiedergabelisten.

Wenn Sie die App zum ersten Mal starten **(1)**, gibt es noch keine Inhalte. Diese bekommen Sie im **iTunes Store** oder über eine Synchronisation mit der iTunes Datenbank auf Ihrem Rechner.

Die Anleitung für den iTunes Store finden Sie auf Seite 72. Für unser Beispiel gehen wir jetzt einmal davon aus, dass Sie schon Musik geladen haben. Dann sieht Ihre Musik-Startseite so **(2)** oder so ähnlich aus. Über die Symbole am unteren Bildschirmrand können Sie die Anzeige nach diesen Kriterien **sortieren**:

(2) Listen (Ganz oben das Suchfeld und die Möglichkeit eine neue Liste anlegen)

(3) Interpreten

(4) Titel

(5) Alben

(6) mehr > Genres / Compilations / Komponisten

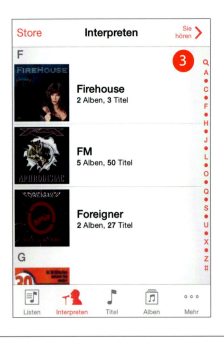

74

Wiedergabelisten anlegen | MUSIK

Tippen Sie ein Lied an, wird es sofort abgespielt und am unteren Bildschirmrand erscheint die Steuerung:

(1) Bild des Albums

(2) Spieldauer

(3) Interpret & Titel

(4) Rücklauf

(5) Wiedergabe Start/Pause

(6) Vorlauf

(7) Lautstärke

(8) Zurück zur Liste der Interpreten

(9) Anzeige des Albums bzw. der Liste, in der dieser Titel gespeichert ist

(10) Lied noch mal abspielen

(11) Lieder in zufälliger Reihenfolge abspielen

(12) Neue Wiedergabeliste anlegen

(13) Zurück zur Übersicht der Listen

(14) Liste bearbeiten (löschen, sortieren, hinzufügen)

(15) Liste leeren (Lieder werden nicht gelöscht)

(16) Liste löschen (Lieder werden nicht gelöscht)

(17) Titel aus der Liste entfernen

(18) Titelübersicht zum Hinzufügen öffnen

(19) Diesen Titel hinzufügen

(20) Hinzufügen bestätigen und beenden

Eine interessante Möglichkeit zur Sortierung Ihrer Musik sind **Wiedergabelisten**. Damit können Sie ganz persönliche Listen von all Ihren Liedern erstellen.

| HINWEIS:
| Hier gelöschte Lieder werden nur aus der Liste entfernt und **nicht komplett gelöscht**.
| Sie können also ruhig experimentieren.

VIDEOS | Übersicht

Filme • Video • TV-Serien

Mit der Video-App können Sie Filme, TV-Sendungen und Musikvideos sehen. Quelle für alle Daten ist der **iTunes-Store**.

> **HINWEIS:**
> Videos, die Sie selber mit der Kamera aufgenommen haben, werden in der Fotos-App abgespielt.

Starten Sie die Video-App zum ersten Mal, erscheint eine relativ leere Seite (1). Hier bleibt Ihnen nur eins: Der Weg zum iTunes-**Store** (2).
Haben Sie Geduld, das kann jetzt ein bisschen dauern, bis die erste Verbindung hergestellt wird.
Wenn nach 3-4 Minuten immer noch nichts zu sehen ist, beenden Sie beide Apps, Video und iTunes, und starten noch einmal. Wissen das geht, finden Sie auf Seite 98.

Ist die Seite geladen, sehen Sie eine Übersicht aktueller Filme & Videos (3). Wie in der Abteilung Musik können Sie auch hier die Inhalte nach oben/unten und links/rechts verschieben. Die Seite wird auch gerne mal in negativer Farbdarstellung gezeigt.

Die Bedienelemente

(4) Auswahl des Genres zur besseren Eingrenzung der Suchergebnisse

(5) Suche aktivieren

(6) Mehr
Hier können Sie eine zusätzliche Auswahl treffen. Über die Schaltfläche **Genius** wird nach längerer Benutzung eine Auswahl anhand Ihrer bisherigen Interessen geladen. Mit **Gekaufte Artikel** sehen Sie eine Übersicht Ihrer bisherigen Einkäufe.
Es dauert etwas, bis die einzelnen Informationen angezeigt werden, hier müssen erst Informationen von Ihrem Apple-Konto abgerufen werden.

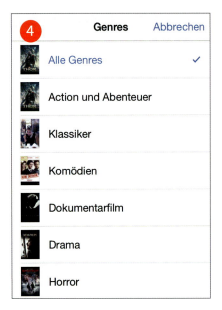

Kaufen – Laden | **VIDEOS**

Einen Film kaufen bzw. leihen

Haben Sie einen schönen Film gefunden? Ein kurzer Tipp auf das Vorschaubild und ein Fenster mit weiteren Details öffnet sich. Hier können Sie:

(1) eine Übersicht der Bewertungen sehen

(2) den Film kaufen

(3) den Film ausleihen

(4) Details zum Film lesen
Dazu in den unteren Bereich scrollen

(5) Rezensionen/Bewertungen lesen

(6) ähnliche Filme anzeigen lassen

(7) einen Trailer anschauen

Aber genug der Vorbereitung, jetzt wollen wir einen Film ausleihen. Tippen Sie dazu auf **Ausleihen** (3)
>> Das Feld wird grün und zeigt FILM LEIHEN
>> Tippen Sie jetzt nochmals auf die Schaltfläche (8). Jetzt kommt das Fenster mit der Verifizierung im iTunes-Store (9) und gleich danach (manchmal) die Sicherheitsfragen (10). Wohl dem, der seine Daten bei der Einrichtung sorgfältig in das Datenblatt eingetragen hat. Nun, jetzt ist ein guter Zeitpunkt den Datenspeicher aufzuschlagen und die Daten dort einzutragen.

Gut, wenn Sie Ihre Daten **immer** in den **Datenspeicher** eingetragen haben.

| HINWEIS:
| Diese Sicherheitsabfragen erscheinen in unregelmäßigen Abständen immer wieder. Insbesondere bei Einkäufen wird damit sichergestellt, dass Sie auch der sind, für den Sie sich ausgeben.

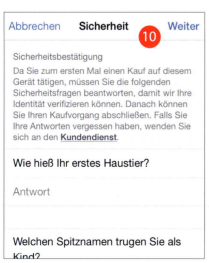

| WICHTIG:
| Leider ist es aufgrund von Urheberrechten (DRM) oftmals **nicht** möglich, gekaufte Videos vom iPhone direkt bzw. über einen Adapter auf einen Fernseher zu übertragen.
| Dazu benötigen Sie dann entweder Apple TV oder einen „zertifizierten" Fernseher.

KAMERA | Fotos und Videos machen

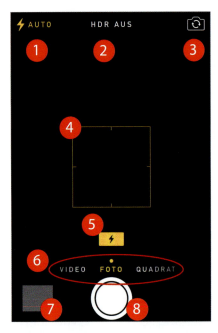

Fotos & Videos machen

Mit Ihrem neuen iPhone können Sie auch ganz hervorragende Bilder und Filme machen.

> **HINWEIS:**
> Ihr iPhone hat **zwei Kameras**: Eine davon ist auf der Vorderseite, oben in der Mitte, und wird hauptsächlich für Video-Telefonate verwendet.
> Die andere Kamera befindet sich auf der Rückseite, hat eine **höhere Auflösung**, perfekt um Fotos und Videos zu machen.

Starten Sie mit einem Tipp auf das Symbol der **KAMERA**-App auf dem Startbildschirm und schon sehen Sie die normale Bedienoberfläche. Beim ersten Start fragt die App, ob sie den aktuellen Ort verwenden darf. Bitte mit OK beantworten, dann erhalten alle Fotos einen Stempel mit Zeit und Ort der Aufnahme – sehr praktisch.

Die Bedienelemente:

(1) Aktuelle Einstellungen für den Blitz
Mit einem Tipp drauf können Sie diese anpassen

(2) HDR ein/aus
Spezieller Aufnahmemodus für kontraststarke Motive, zum Beispiel viel Sonnenlicht oder ein Fenster im Hintergrund.

(3) Wechsel zwischen Frontkamera und der besseren Kamera auf der Rückseite des iPhone

(4) Fokus-Bereich

(5) Blitz aktiv

(6) Schiebeschalter zwischen
• Video
• Foto
• Quadrat = Foto im quadratischen Format

Beim iPhone 5 gibt es noch 2 weitere Einstellungen
• SLO-MO = Zeitlupenaufnahmen
• Panorama = Foto im Breitbildformat **(9)**
Starten Sie dazu die Aufnahme und bewegen dann das iPhone langsam von links nach rechts. Zum Beenden tippen Sie wieder auf den Auslöser.

(7) Vorschau des letzten Bildes und Verbindung zur Fotos-App (tippen)

(8) Auslöser

Einstellungen | **KAMERA**

In der **Einstellungen**-App finden Sie **noch mehr Möglichkeiten** zu Fotos & Kamera:

(1) Mein Fotostream
Haben Sie mehrere Geräte von Apple, die Ihre Bilder automatisch empfangen sollen? Wenn nein >> **ausschalten**.
Den Warnhinweis, der dann angezeigt wird, können sie dann getrost mit Löschen bestätigen.

(2) Fotofreigabe
Die Fotofreigabe benötigen Sie nur, wenn Sie regelmäßig anderen Personen Ihre Bilder zur Verfügung stellen möchten.
Wenn nicht – **ausschalten**

(3) Fotoübersicht
Eine gute Funktion, um die Übersicht zu behalten

(4) Diashow
Einstellungen für eine Diashow

(5) Raster
Ganz praktisch für die genaue Ausrichtung beim Fotografieren

(6) Foto behalten
Machen Sie Aufnahmen im **HDR-Modus** werden von einem Motiv bis zu 3 Bilder erstellt und daraus das beste berechnet.
Planen Sie keine Nachbearbeitung dieser Bilder, dann schalten Sie diese Funktion aus, sonst haben Sie plötzlich eine unüberschaubare Anzahl von ähnlichen Bildern im Speicher.

TIPP:
Im App Store gibt es noch eine Vielzahl an anderen Kamera-Apps. Einige davon mit echten Spezialfunktionen.

Meine Empfehlungen:
- HDR3
- Pro HDR
- ProCamera
- ProCam
- Panorama (für iPhone 4)

Alle Bilder auf Pfotenwanderer.de enstehen damit.

FOTOS | Öffnen und bearbeiten

Bildbearbeitung

Haben Sie mit der **Kamera**-App erste Bilder gemacht, können Sie die mit der **Fotos**-App ansehen, sortieren und bearbeiten.

Am Anfang sind alle Bilder noch unsortiert in dem Album Momente (1) gelandet. Haben Sie die Ortungsdienste für die Fotos aktiviert, ist auch der Ort der Aufnahme vermerkt (2).

Tippen Sie auf ein Bild, wird es im Vollbild-Modus dargestellt (3). Jetzt können Sie mit der Zwei-Finger-Technik oder dem Doppel-Tipp die Darstellung vergrößern und verkleinern.

Sie können es löschen (5) und weiter verarbeiten (4), drucken, verschicken (Seite 40) …

Zurück zur Übersicht geht es links oben, mit einem Tipp auf **Momente.**

Mit einem Tipp auf Bearbeiten (6) aktivieren Sie den Bearbeitungsmodus.
Der Hintergrund wird jetzt schwarz eingefärbt und am unteren Ende des Bildschirms erscheint die Bearbeitungsleiste (7):

• **Drehen**
Dreht das Foto nach links

• **Verbessern**
Automatische Bearbeitung

• **Filter**
Verschiedene Farbfilter

• **Rote Augen**
Haben Sie mit Blitzlicht fotografiert, können Sie damit eventuelle rote Augen ganz einfach retuschieren

• **Beschneiden**
Hier können Sie ungewollte Bildteile abschneiden.

Möchten Sie die Bearbeitung abbrechen, finden Sie links oben (Abbrechen (8))die Möglichkeit dazu.

Sortieren und bearbeiten | FOTOS

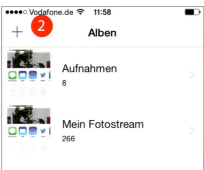

Fotos sortieren

Noch wichtiger als die Bearbeitung ist die Sortierung der sehr schnell ansteigenden Flut der Fotos. Dafür können Sie **zusätzlich** zu den Standard-Alben Aufnahmen und Sammlungen neue Fotoalben anlegen und Ihre Fotos dort einsortieren.

Mit einem Tipp auf das Album-Symbol (1) am unteren Rand des Bildschirms öffnet sich das Übersichtsfenster mit allen Alben. Tippen Sie dann auf das Plus-Symbol (2) können Sie einen neuen Ordner anlegen. In unserem Beispiel heißt der Urlaub (3).

Ist der Ordner angelegt, fragt das iPhone sofort, welche Bilder Sie in den Ordner legen möchten (4) und zeigt alle bisher gemachten Bilder (5). Zugleich ist automatisch der Auswahlmodus aktiviert.

Tippen Sie jetzt auf alle Bilder (6), die in den neuen Ordner Urlaub gelegt werden sollen und bestätigen Sie Ihre Wahl mit Fertig (7) – fertig.

Den Auswählen-Modus können Sie auch direkt aus der Foto-Übersicht starten (8) und dann Ihre Bilder einsortieren. Dabei können Sie auch gleich ein neues Album anlegen.

> **HINWEIS:**
> Die Bilder werden in das andere Album nur kopiert, die Originale befinden nach wie vor in der Übersicht.

81

FACETIME | Videotelefonie

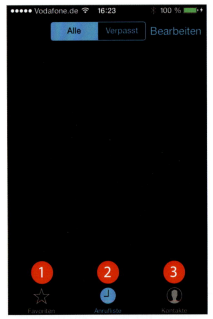

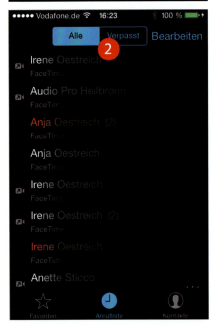

Facetime (Videotelefonie)

Mit facetime [:faisteim] **bleiben Sie in Kontakt** mit Freunden und Verwandten. Voraussetzung dafür: Die Gegenstelle verwendet **ebenfalls ein Gerät von Apple** und beide haben eine schnelle **Datenverbindung**.

Die Verbindung selbst können Sie über die Telefonnummer und/oder die E-Mail Adresse herstellen.

Nach dem Start der App sehen Sie eine leere Seite mit diesen Symbolen an unteren Rand:

• Favoriten **(1)**
Hier können Sie über das +-Symbol (rechts oben) aus Ihren Kontakten die häufig benutzten hinzufügen.

• Anrufliste **(2)**
Hier sehen Sie Ihre bisherigen Aktivitäten/Anrufe in Facetime.

• Kontakte **(3)**
Damit aktivieren Sie die Anzeige Ihrer Kontaktliste.

Haben Sie schon Kontakte angelegt, von denen Sie wissen, dass sie ebenfalls ein Gerät von Apple haben? Dann öffnen Sie die Kontaktliste **(3)** und öffnen einen dieser Kontakte.
Dort sehen Sie 2 Symbole **(4)** neben Facetime: Eine **Kamera** und einen **Telefonhörer**. Mit der Kamera stellen Sie eine Videoverbindung her, mit dem Telefonhörer eine reine Sprachverbindung.

Mit einem Tipp auf das Kamerasymbol wird die Verbindung zur Gegenstelle aufgebaut, Sie hören ein Klingelgeräusch.

Jetzt ist eins ganz wichtig: Geduld.
Der Verbindungsaufbau dauert manchmal richtig lange.

> **TIPP:**
> Eine *spontane* Videokonferenz mit Facetime oder Skype kann ganz schnell zu Verstimmungen führen. Viel freundlicher ist es, wenn Sie vorab eine iMessage oder SMS als Einladung verschicken.

Videotelefonie | **FACETIME**

Nach dem Verbindungsaufbau ändert sich die Ansicht. Ihr Gegenüber wird im Vollbild dargestellt (1), Sie selbst wandern deutlich kleiner nach rechts oben (2).

HINWEIS:
Achten Sie darauf, dass Sie weder Lautsprecher noch Mikrofon an der Unterkante des iPhone mit der Hand abdecken.

(3) Kamera tauschen
Damit wechseln Sie zwischen der Frontkamera (oben Mitte) und der Rückkamera (Rückseite, oben seitlich). So können Sie Ihrem „Gegenüber" ganz einfach Sachen **aus Ihrem Blickwinkel** zeigen.

(4) Beenden
Damit wird die Verbindung getrennt

(5) Mikrofon stumm schalten
Möchten Sie für eine „internes" Gespräch kurz das Mikrofon abschalten, ist das der richtige Schalter.

HINWEIS:
Nach kurzer Zeit verschwinden die Bedienelemente und machen den Bildschirm frei für das Bild (6). Mit einem Tipp auf den Bildschirm werden Sie wieder eingeblendet.

WICHTIG:
Um Facetime zu nutzen, müssen **bei beiden Teilnehmern** folgende Voraussetzungen gegeben sein:

- ein Gerät von Apple

- schnelle Übertragungsgeschwindigkeit
  (am besten über WLAN)

- Facetime ist aktiviert
   (Einstellungen >> Facetime)

- Anmeldung mit der Apple ID

- Freigabe von Facetime
   bei den mobilen Daten (>>Einstellungen)

Eine aktive Facetime-Verbindung wird durch einen grünen Balken im Display symbolisiert.

SKYPE | Videotelefonie

SKYPE (Videotelefonie)

Die praktische Alternative zu Facetime, wenn die Gegenseite **kein** Apple-Gerät verwendet.
Haben Sie die Skype-App schon runtergeladen? Wenn nein, dann öffnen Sie bitte den App Store (Infos auf Seite 95), starten dort die Suche (1) und geben Skype (2) ein.
Wählen Sie dann aus den Suchergebnissen skype iphone (3) >> die Skype-Seite im App Store wird angezeigt >> tippen Sie dort auf Gratis (4) >> das Feld wechselt auf Installieren (5) >> mit einem Tipp darauf starten Sie die Installation >> das Symbol wird zu einem Kreis (6), der sich langsam füllt und schließlich zu einem Feld mit der Bezeichnung **Öffnen** >> tippen Sie darauf
>> der blaue **Begrüßungsbildschirm** (7) erscheint.

Jetzt heißt es wieder: **Konto erstellen** (8)
Das kennen Sie ja mittlerweile, Name und Kennwort ausdenken, eingeben, bestätigen.

WICHTIG:
Skype und andere Apps bringen immer wieder mal ein Fenster (9) mit der Anfrage nach Push-Mitteilungen – bitte **immer** ablehnen **(10).**

Videotelefonie | SKYPE

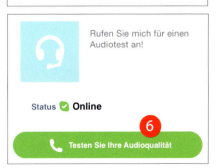

Bitte füllen Sie alle Felder aus
Bei der internationalen Rufnummer (1) müssen Sie für Deutschland die Nummern 0049 voranstellen und dann bei der Ortsvorwahl die erste Null weglassen.

Mit einem Tipp auf diesen Schalter (2) vermeiden Sie unerwünschte Werbung von Skype.
Haben Sie alles eingetragen, tippen Sie bitte auf Konto erstellen (3).

Jetzt dauert es einen Moment und das Fenster für die Freigabe des **Mikrofons** (4) öffnet sich. Das Erlauben Sie bitte in diesem und dem nächsten Fenster.
Dann noch ein Werbefenster mit Fertig schließen und Sie sind Mitglied bei Skype.

Um alle Einstellungen zu prüfen, bietet Ihnen Skype an, einen Testanruf zu machen (5). Das ist eine praktische Sache, dabei wird auch geprüft, ob **Hardware** und **Internetverbindung** funktionieren.
Tippen Sie auf die Meldung und dann auf das grüne Feld (6), startet der Testanruf

Wie bei einem „echten" Anruf sehen Sie auch gleich alle Bedienelemente:

(7) Mikrofon ausschalten

(8) Lautsprecher aktivieren

(9) Tastatur einblenden

(10) Nachricht anzeigen/versenden

(11) Gespräch beenden (auflegen)

Hat alles funktioniert, können Sie Ihren ersten Skype-Anruf starten.

SKYPE | Videotelefonie

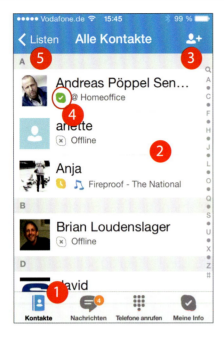

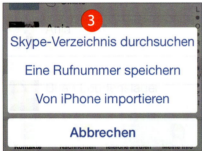

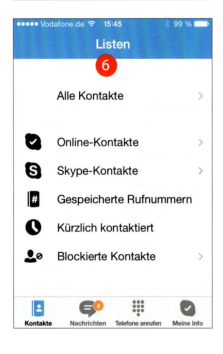

HINWEIS:
Bevor Sie eine direkte Verbindung mit einem neuen Kontakt aufbauen können, muss die **Kontaktaufnahme** vom Empfänger bestätigt werden. Skype bietet Ihnen dazu schon ein vorgefertigte Nachricht an. Den Inhalt können Sie auch noch an Ihre Bedürfnisse anpassen. Dann tippen Sie auf Senden. Wird der Kontakt von der Gegenseite bestätigt, steht einer **Videokonferenz** oder einem **Telefonat** nichts mehr im Wege. Und das alles kostenlos!

Haben Sie schon Kontakte mit **Skype Verbindungsdaten**, geht alles ganz schnell. Tippen Sie links unten auf Kontakte (1). In dieser Ansicht (2) sehen Sie eine alphabetisch sortierte Liste Ihrer Skype-Kontakte. Mit einem Tipp auf das Plus-Symbol (3) können Sie nach neuen Kontakten suchen, eine aktuelle Rufnummer abspeichern oder einen neuen Kontakt aus dem Adressbuch importieren.
Neben den Logo-Bildern wird der aktuelle Status (4) des Kontakts angezeigt:

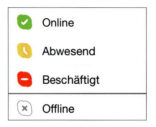

Ist ein Kontakt online, können Sie Ihn direkt mit einem Tipp kontaktieren. Hier die Auswahlmöglichkeiten beim Kontakt.

Tippen Sie auf Listen (5), öffnet sich ein Auswahlfenster (6) mit alternativen Darstellungen Ihrer Kontakte.

Videotelefonie | SKYPE

Der erste Anruf

Sie haben Ihr Profil angelegt, die Hardware geprüft und schon eine erste Anfrage an einen anderen Teilnehmer gestellt? Dann steht dem ersten Anruf nichts mehr im Wege. Oder Sie lassen sich anrufen, wie hier im Beispiel:

Als erstes hören den Skype-Klingelton und gleich danach ist das Startfenster von Sype aktiv. Sie sehen das Logo-Bild (1) des Anrufers und können:

- den Anruf ablehnen (2)
- Abheben (=Anruf annehmen) (3)
- die Kamera einschalten (4)

Nach dem Abheben wird die Verbindung aufgebaut. Haben Sie Geduld, das kann manchmal etwas dauern. Steht die Verbindung und hat Ihre Gegenstelle die Kamera eingeschaltet, sehen Sie das Videobild. Darunter finden Sie die Bedienelemente für:

- Kamera Ein/Aus (5)
- Mikrofon Ein/Aus (6)
- Lautsprecher Ein/Aus (7)
- Textnachrichten einblenden/verschicken (8)
- Auflegen (Gespräch beenden) (9)

HINWEIS:
Die Bedienelemente verschwinden nach kurzer Zeit automatisch. Zum Einblenden tippen Sie einfach kurz auf den Bildschirm.

Im Beispiel hatte ich am Anfang die Kamera noch ausgeschaltet (5), das bedeutet, der Gegenüber sieht nur mein Logo. Ist meine Kamera aktiv, wird auch das Bild übertragen und – je nachdem, ob die Bedienleiste aktiv ist – auf meinem Bildschirm rechts unten eingeblendet (10).

Wie beim normalen Telefonieren können Sie auch bei Skype in eine andere App wechseln. Die aktive Verbindung wird oben im Display als roter Balken angezeigt.

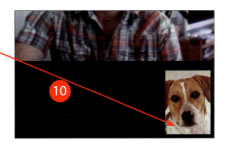

87

SKYPE | Telefonieren & Einstellungen

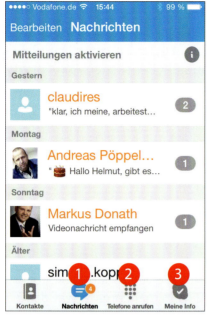

Mit einem Tipp auf Nachrichten (1) sehen Sie ein Protokoll der letzten Mitteilungen. Auch solche, die Sie in Abwesenheit erhalten haben.
Tippen Sie eine an, sehen Sie den kompletten Verlauf und können auch direkt antworten.

Das nächste Symbol (2) öffnet die Anzeige der normalen Telefontastatur. Mit Skype können Sie auch **Telefonate** mit Ihren Skype-Kontakten führen.
Das kostet aber und Sie müssen vorher Guthaben auf Ihr Skype-Konto transferieren.
Diese Funktion ist ganz praktisch, wenn gerade **keine ausreichende Geschwindigkeit** für eine Videoübertragung besteht.

Ganz rechts finden Sie das Icon **Meine Infos** (3).
Damit können Sie Ihr Profil aufrufen und bearbeiten:
• ein neues Bild zuweisen/aufnehmen (4)
• sich von Skype abmelden (5)
• einen neuen Spruch eingeben (6)
• Ihren Status ändern (7)
• grundlegende Daten bearbeiten
und viele weitere Dinge

Zeitungskiosk
Zeitgeschehen, Lifestyle, Technik, Wissenschaft und noch viel mehr.

App Store
Erweitern Sie Ihr iPhone mit zusätzlichen Programmen

Zeitschriften, Magazine und Zeitungen online kaufen und lesen. Nie mehr Papier schleppen.

Der App Store von Apple ist eine große Einkaufsmeile für kleine und große Zusatzprogramme. Und auch für Magazine.

© goodluz - fotolia.com

ZEITUNGSKIOSK | Magazine und Zeitungen

Zeitungskiosk

Stellen Sie sich vor, Sie haben den **größten Zeitungskiosk aller Zeiten** direkt bei sich zuhause. Rund um die Uhr geöffnet, alle Magazine immer vorrätig, bequem **von der Couch aus** zu erreichen – das ist der Zeitungskiosk von Apple.

Beim ersten Start sehen Sie erst mal ein **leeres Fenster**. Lediglich eine Verbindung zum Store (1) wird rechts unten angezeigt. Mit einem Tipp darauf kommen Sie in einen speziellen Bereich des App Stores, mit allen Magazinen, die Sie sich nur vorstellen können (2). Wischen, streichen und schieben Sie **nach Lust und Laune**. Sie können nach Kategorien sortieren (3) oder direkt nach einem Titel suchen. (4)

Wie bereits bei den beiden anderen Stores gesagt: **Lassen Sie sich Zeit**, kaufen Sie nicht sofort ein. Gerade hier gibt es viele gratis **Lockangebote**, die nur zur Verwaltung der einzelnen Ausgaben dienen. Das Magazin selbst kaufen Sie über die sogenannten **InApp-Käufe**. Wenn Sie hier nicht aufpassen haben Sie ganz schnell ein Abo an der Backe.

Das Erfreuliche:

Manche Digital-Ausgaben sind etwas günstiger als die gedruckte Version und bieten noch spezielle Extras, wie kleine Filmchen oder zusätzliches Bildmaterial.
Nach erfolgreichem Download sortieren sich die Magazine **automatisch** in Ihrem persönlichen Zeitungskiosk ein (5). Viele Verlage und Magazine haben mittlerweile eine eigene App, das heißt, sie laufen unabhängig vom Zeitungskiosk.

Magazine und Zeitungen | ZEITUNGSKIOSK

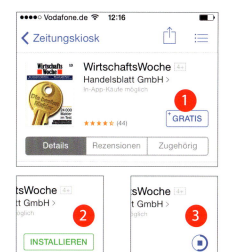

Die Bedienung ist ähnlich wie im iTunes Store (Seite 72) und App Store (Seite 92): Suchen – auswählen - kaufen.

Tippen Sie dazu auf Gratis (1) und dann auf Installieren (2) >> dann erscheint ein Kreis (3), der das Herunterladen der Daten symbolisiert. Ist das erledigt, erscheint die Schaltfläche Öffnen.

Im Magazin blättern

Die Bedienung der einzelnen Magazine ist teilweise **sehr unterschiedlich**, hier gibt es keinen festen Standard. Auch die Darstellung der Bezahlfunktion (4) variiert sehr stark – passen Sie hier gut auf.

HINWEIS:
Die einzelnen Magazine werden als App gestartet und müssen auch als solche beendet/geschlossen werden. Mit einem **Doppel-Drücker** auf den Home-Button aktivieren Sie die Übersicht aller aktiven Apps. Schieben Sie dann die Seite **nach links oder rechts** (5), um das gewünschte Magazin zu finden. Dann schieben Sie es einfach nach oben raus (6) >> erledigt. Weitere Details dazu auf Seite 96.

Ein Magazin löschen:
Bleiben Sie mit dem Finger auf einem Magazin, bis die Symbole zu wackeln anfangen (7) und eine kleines x am linken oberen Rand erscheint. Jetzt können Sie die Magazine durch Schieben sortieren und mit einem Tipp auf das x (8) löschen.
Diesen speziellen Modus verlassen Sie mit einem Druck auf den Home-Button.

APP STORE | Übersicht

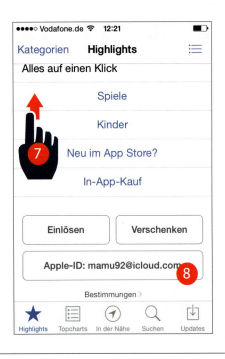

APP Store

App Store [:äp stoar]
Abkürzung für Application Store
Übersetzung: Geschäft für Programme
App [äpp] = Programm

Der App Store wurde im **März 2008** von Apple eingeführt, um Apps (Programme) für iOS-Geräte (iPhone, iPod touch, iPad) zu verkaufen und zu verwalten. Waren es am Anfang noch magere 500 verfügbare Apps, gibt es mittlerweile weit über eine Million davon – **eine unglaubliche Auswahl, zu jedem nur erdenklichen Themengebiet**.

Die meisten Apps können Sie für wenige Euro kaufen, von vielen gibt es auch kostenlose Versionen.
Mein TIPP:
Lassen Sie sich Zeit, laden Sie nicht gleich alles Mögliche auf Ihr iPhone. **Schauen Sie sich erst in Ruhe um**. Was benötigen Sie wirklich? Schneller als man denkt haben Sie plötzlich eine Vielzahl von Apps, von denen Sie gar nicht mehr wissen, für welchen Zweck Sie die eigentlich gekauft haben.

Die Bedienung des App Stores ist einfach:
Nach der gewünschten App suchen >> auswählen >> eventuell bezahlen >> runterladen >> fertig.

Beim Start des App Store kommen Sie auf die große Übersichtsseite (1) mit den Highlights. Hier können Sie erst einmal **nach Lust und Laune stöbern**. Schieben Sie die ganze Seite nach oben und unten, die einzelnen Teilbereiche nach links und rechts.

Es gibt viele unterschiedliche Darstellungen (2), eine Suchfunktion (3) und die Auswahl nach Kategorien (5). Ganz rechts sehen Sie das Symbol für Updates (6) zu Ihren Apps. Sie werden automatisch benachrichtigt (kleiner roter Kreis), wenn es eine neue Version für Sie gibt.

Ganz unten (7) auf der Seite finden Sie noch weitere Sortierungen, die Möglichkeit, einen Gutschein einzulösen und die Daten zu Ihrer Apple ID – genau die öffnen Sie jetzt bitte (8).

Weiter geht's auf der nächsten Seite.

Kontoverbindung | APP STORE

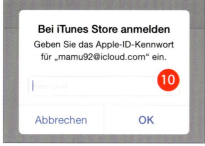

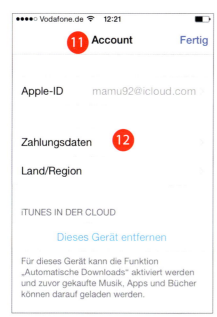

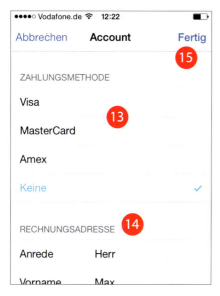

Früher oder später benötigen Sie für einen Einkauf im App Store bzw. bei iTunes Ihre **Kontoverbindung** zu Ihrer Apple ID. Warum also nicht gleich hier anlegen?

Tippen Sie dazu in dem Fenster auf **Apple ID anzeigen** (9) >> eventuell wird Ihr Kennwort abgefragt (10) > bitte eingeben und mit OK bestätigen>> jetzt öffnet sich das Übersichtsfenster von Ihrem Konto (=Account) (11)

Tippen Sie hier auf **Zahlungsdaten** (12), sehen Sie die möglichen Zahlungsmethoden und die Rechnungsadresse.

Wählen Sie Ihre **Zahlungsart** (13) aus und geben Sie die **Kontodaten** ein. Kontrollieren bzw. ändern Sie gegebenenfalls die Rechnungsadresse (14) und bestätigen Sie Ihre Eingaben mit einem Tipp auf **Fertig** (15).

>> Ab sofort können Sie im App Store und auf iTunes einkaufen.

HINWEIS:
Ihre Angaben werden **sicher verschlüsselt** übertragen und müssen normalerweise nicht noch einmal eingetragen werden. Lediglich Ihre Apple ID und das Kennwort werden von Zeit zu Zeit abgefragt.

APP STORE | Programme suchen und laden

TIPP:
Ich nutze gerne die **Darstellung der Topcharts** (1) um eine schnelle Übersicht zu bekommen.
Hier können Sie auch ganz schnell zwischen kostenpflichtigen (**Gekauft**) und kostenlosen (**Gratis**) Apps wechseln. In beiden Listen können Sie noch viiiiel weiter nach unten scrollen.
Probieren Sie's doch gleich mal aus.

Neben dem Symbol der App finden Sie auch eine Zeile mit Sternen und eine Zahl in Klammern (2). Das ist die Bewertung für diese App. Die Zahl steht für die Anzahl der **Rezensionen** und die Sterne für bisher erreichte, durchschnittliche Bewertung. **5 Sterne** ist das beste Ergebnis.

Alternativ können Sie auch die Suche nutzen.
In unserem Beispiel suchen wir nach „monopoli".
Geben Sie den begriff in die Suchzeile (3) ein und bestätigen Sie die Eingabe mit dem Suchbefehl (4) oder wählen Sie eine Zeile aus den Suchvorschlägen (5). Das Ergebnis ist eine Anzahl von Treffern (6), die nebeneinander angeordnet sind. Schieben Sie diese Zeile so lange nach L/R, bis Sie die gewünschte App sehen.

Haben Sie die App gefunden? Mit einem Tipp auf das Bild (7) kommen Sie zur **Detail-Seite** (8). Dort sehen Sie eine ausführliche Beschreibung, den Preis, Bilder von der Oberfläche und können in den Rezensionen die Meinung Anderer zu dieser App lesen.

Mit einem Tipp auf das **Preissymbol** (9) bzw. **Öffnen** starten Sie den Kauf bzw. die Installation.

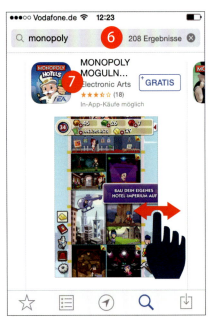

Gekaufte Programme • Updates | APP STORE

Sie sind sich noch nicht sicher, ob Sie die App kaufen möchten? Dann legen Sie sie doch einfach zu Ihrer **Wunschliste (1)**. Das ist eine einfache Möglichkeit, um interessante Apps später wieder zu finden. Tippen Sie dazu auf das Weiterverarbeiten-Symbol **(2)** und dann auf Zur Wunschliste hinzufügen **(3)**.
HINWEIS:
Das funktioniert nur mit kostenpflichtigen Apps.

Hinter dem Symbol **Updates (4)** verstecken sich alle bisher getätigten Einkäufe und verfügbare Updates.

Einkäufe (5):
Sie sind überrascht, dass da schon Programme zu sehen sind? Nun, das sind Gratis-Programme von Apple und anderen Anbietern. Die liegen in Ihrer **iCloud** und warten nur darauf, herunter geladen zu werden. Für den Anfang reichen uns zwei davon: Keynote und Pages
Tippen Sie dazu auf das entsprechende Symbol >> die Seite mit den **Details** zur App öffnet sich >> dort tippen Sie auf die Wolke neben dem Symbol und schon beginnt der Download und anschließend die Installation. Angezeigt wird das durch einen animierten Kreis.
Um die erfolgreiche **Installation** zu prüfen, drücken Sie einmal kurz auf den Home Button. Sie wissen schon, den Schalter am iPhone ganz unten, in der Mitte. Damit kommen Sie zurück zum Hauptbildschirm. Dort finden Sie jetzt zwei neue Programm-Symbole: Pages und Keynote.

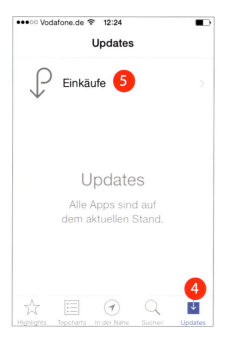

Aber wo sind all die anderen Programme? Nun, die sind schon noch da, nur auf einer anderen Seite des **Hauptbildschirms**. Sehen Sie die 2 kleinen Punkte **(6)** direkt über der Programmleiste? Diese Punkte zeigen an, wie viele Seiten Sie bereits mit Programmen belegt haben. In unserem Fall sind das genau zwei. Der hellere Punkt steht für die angezeigte Seite.
Schieben Sie die Seite nach rechts **(7)**, erscheint die bekannte **Startseite** und die Darstellung der Punkte ändert sich.

Übung:
Öffnen Sie wieder den App Store, suchen Sie nach der App **Skype** und laden Sie sie herunter, die benötigen wir später noch.
Nach erfolgreichem Download sehen Sie das Skype-Symbol **(8)** auf Ihrem Bildschirm ganz rechts – gut gemacht.

App Store

95

BEDIENUNG | Apps sortieren

Ordnung am Bildschirm
Mit der Zeit kann es auf der Oberfläche ganz schön unübersichtlich werden – **zu viele Apps**. Dann hilft es, die Apps nach Themen zu sortieren und eventuell in eigene Ordner zu verpacken.

In unserem Beispiel soll die Erinnerungen-App **(1)** an eine andere Seite verschoben werden. **Legen** Sie dazu Ihren Finger auf ein beliebiges Symbol **(2)** auf dem Startbildschirm und warten Sie einen Moment. Wenn alle Symbole anfangen zu „**wackeln**", können Sie den Finger von der Oberfläche nehmen.

Jetzt nehmen Sie das Symbol der Erinnerungen-App mit dem Finger **(3)** und **schieben** es nach rechts, an den Rand der Displays. Der Finger bleibt dabei auf dem Icon liegen. Während Sie das eine Symbol bewegen **(4)**, rücken die anderen zur Seite und sortieren sich neu.
Nach einem kleinen Moment am Rand springt die Anzeige auf die nächste Seite. Dort nehmen Sie den Finger von dem Icon und legen es unterhalb der anderen Symbole ab **(5)**.

Zur Erinnerung:
Die Anzahl der Seiten mit Apps sehen Sie an den kleinen Punkten **(7)** oberhalb der Programmleiste. Der etwas hellere Punkt zeigt an, auf welcher Seite Sie sich gerade befinden.

Symbole mit dem kleinen grauen Kreuz **(8)** können Sie mit einem Tipp darauf löschen. Systemeigene Apps können nicht gelöscht werden.

> Genau so können Sie auch mit den Apps aus der **Programmleiste (6)** verfahren. Die Apps, die Sie am häufigsten einsetzen, können Sie in der Programmleiste für den schnellen Zugriff ablegen.
> Maximal haben 4 Apps in der Programmleiste Platz.

Drücken Sie ein mal auf den Home-Button, um den **Bearbeitungsmodus** zu beenden.

App-Ordner anlegen | BEDIENUNG

App-Ordner

Sie können die Apps aber auch noch in Ordnern sortieren. Haben Sie vielleicht einige Apps, die Sie nur ganz selten oder gar nicht verwenden, dann legen Sie diese doch in einem Ordner ab – sortiert nach Themen. So schaffen Sie mehr **Übersichtlichkeit** für die wichtigen Sachen.

Für unser Beispiel nehmen wir 2 Apps (Erinnerungen & Rechner), die wir in einem Ordner **gruppieren**. Der Ordner soll mit „Test" bezeichnet werden.

Aktivieren Sie dazu wieder den Bearbeitungsmodus, indem Sie Ihren Finger längere Zeit auf ein Symbol legen (1) >> alle Symbole „wackeln" wieder.
Jetzt schieben Sie ein Symbol über ein anderes (2) und halten es kurz an dieser Stelle. Dann öffnet sich ein neues Fenster (3), in dem Sie die „überfahrene" App sehen. Die andere App haben Sie ja noch **unterm Finger**. Schieben Sie dieses Symbol jetzt auch in den Ordner und nehmen Sie dann den Finger von der Oberfläche. Perfekt, schon sind beide Apps in dem Ordner. Das iPhone hat für den neuen Ordner den Namen „Produktivität" vergeben

Tippen Sie außerhalb des Ordners auf die Oberfläche, um das Fenster zu schließen und ziehen Sie dann - wenn Sie möchten – noch weitere Apps hinein. Anschließend tippen Sie auf die **Textzeile** (4) um einen neuen Namen (Test) für den Ordner einzugeben. Bestätigen Sie die Eingabe mit einem Tipp auf Fertig (5). Und schon haben Sie einen neuen Ordner auf der Oberfläche (6).

Zur Erinnerung:
Mit einem Tipp auf den grauen Kreis (7) mit dem „X" am Ende der Textzeile löschen Sie den kompletten Inhalt der Zeile und können sofort anfangen zu Schreiben.

Und so, wie Sie die Apps in den Ordner gelegt haben, können Sie diese auch wieder auf der normalen **Bedienoberfläche** ablegen. Wenn Sie die letzte App aus dem Ordner entfernen, verschwindet auch der Ordner – ganz automatisch.

Probieren Sie's doch jetzt gleich mal aus, das ist eine gute **Übung,** um ein Gefühl für die Bedienung der Apps zu bekommen.

Die **BEDIENUNG** | Apps deaktivieren

Während der Arbeit am iPhone passiert es ganz schnell, dass man viele Apps geöffnet hat. Man schaut da, probiert das und schon sind mehr als 20 Apps geöffnet.
Das schadet erstens der Übersicht und zweitens auch – manchmal – der Leistung. **Wie also einzelne Apps beenden? Wie sehe ich überhaupt, welche geöffnet sind?**

Dazu machen Sie einen **Doppel-Drücker** auf den **Home-Button** >> der gesamte Bildschirm verwandelt sich in eine horizontale Darstellung **(1)** aller aktiven Apps mit Vorschaubildern **(2)** der Inhalte und darunter das passende Symbol **(3)** dazu.

Ganz links ist immer der Hauptbildschirm zu sehen. Jetzt können Sie durch Links-Rechts-Schieben **(4)** sich einen Überblick über die aktiven Apps verschaffen.
Möchten Sie zu einer bestimmten App **wechseln**, nehmen Sie kurz den Finger vom Bildschirm und tippen dann auf die gewünschte Vorschau-Seite >> die App öffnet sich.

Zum Deaktivieren einer App legen Sie den Finger auf die **Vorschau-Seite** und schieben diese nach oben weg **(5)** - und tschüss.

Apps löschen
Um eine App ganz zu löschen, benötigen Sie wieder den „Wackelmodus". Legen Sie dazu in der normalen **Startseite** den Finger längere Zeit auf eine App >> plötzlich fangen alle App-Symbole zu wackeln an. Manche davon haben zudem einen kleinen Kreis mit einem Kreuz erhalten **(6)**. Mit einem Tipp auf dieses Kreuz wird diese App gelöscht.

WICHTIG:
Es gibt eine Sicherheitsabfrage **(7)** vor dem Löschen. Apple „Werksprogramme" können Sie nicht löschen und haben deswegen auch nicht den grauen Kreis mit dem Kreuz

Mit einem Klick auf den **Home-Button** beenden Sie diesen speziellen Modus.
Zur Erinnerung, der Home-Button ist der runde Taster unten in der Mitte.

SIRI
Ihr ganz persönlicher Sekretär, der für Sie schreibt und Texte vorliest.

Kalender
Behalten Sie den Überblick, vergessen Sie keinen Termin mehr.

Uhr
Weltuhr, Wecker und Stoppuhr in einem – sehr praktisch.

Karten
Besuchen Sie die schönsten Plätze der Welt von Ihrer Couch aus.

Notizen
Die praktischen Merkzettel in digitaler Form.

Game Center
Spiele, Spiele und nochmal Spiele.

Erinnerungen
Für all die Dinge, die zu erledigen sind.

Im Lieferumfang Ihres iPhones sind schon viele Programme enthalten, die Ihnen das Leben leichter machen.

© contrastwerkstatt - fotolia.com

SIRI | Der Sprachassistent

Mit SIRI sprechen

Mit einem längeren Druck auf den Home-Button (Sie wissen schon, der unten in der Mitte) starten Sie zu jeder Zeit den Sprachassistenten SIRI. Ein Glockenton ertönt und Siri empfängt Sie freundlich (1):
Wie kann ich behilflich sein?

Jetzt können Sie mit Ihrem iPhone **sprechen und Fragen stellen**: Wie wird morgen das Wetter in XY? Wie hat der Fußballverein XY gespielt? Wie mache ich eine Pizza? Wo ist das nächste Indische Lokal? Und, und, und …

Sie können aber auch **Befehle und Funktionen** aktivieren, Telefonnummern „wählen" und die Navigation starten. Ja, Siri übersetzt sogar Ihre Sprache in **geschriebenen Text**. Immer dann, wenn auf der Tastatur das Symbol für Siri (3) angezeigt wird. Sie tippen darauf und können sofort den gewünschten Text per Sprache erfassen.

Das funktioniert mit ein **bisschen Übung** richtig gut und ist wirklich eine brauchbare Hilfe. Zum Beispiel bei SMS und E-Mails.

Mit einem Tipp auf das kleine Fragezeichen (2) sehen Sie eine kurze Übersicht an möglichen Befehlen.

Die Einstellungen für SIRI finden Sie der App
Einstellungen >> Allgemein >> Siri.
Hier können Sie Siri komplett aus- und einschalten (4). Mit einer Sicherheitsabfrage werden Sie darüber informiert, dass Ihre Daten zur Spracherkennung und zum Vorlesen zu Apple gesendet werden.

Einstellmöglichkeiten (5):

• **Sprache**

• **Geschlecht**

• **Sprach-Feedback**
Damit können Sie bestimmen, ob die Antwort von Siri auch über die Lautsprecher (=**Immer**) oder nur über ein angeschlossenes Headset erfolgt.

• **Meine Info**
Wählen Sie hier Ihren eigenen Eintrag im Adressbuch aus und schon begrüßt Siri Sie **ganz persönlich**.

• **Zum Sprechen ans Ohr**
Normalerweise sprechen Sie mit Siri, während Sie auf das Display des iPhones schauen. Mit der Funktion Zum Sprechen ans Ohr, können Sie das iPhone auch wie beim Telefonieren ans Ohr halten.

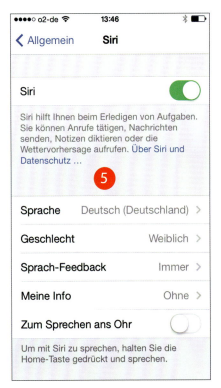

Der Sprachassistent Einstellungen | SIRI

Aber das ist noch nicht alles, Siri kann Ihnen auch Texte von E-Mails, dem Internet und von Nachrichten **vorlesen**. Einfach Text markieren > sprechen anwählen > und zuhören.

Die Einstellungen dazu finden Sie hier:
App **Einstellungen** >> **Allgemein** >
> **Bedienungshilfen** >> **Auswahl vorlesen**
Wenn Sie den Punkt Auswahl vorlesen **(1)** aktivieren, erscheint das Fenster **(2)** mit den Einstellungen:

• **Stimmen**
Hier können Sie die Sprache, Qualität und die Geschwindigkeit einstellen

• **Lesegeschwindigkeit**
Bleiben Sie mit dem Schieberegler in der linken Hälfte, sonst verstehen Sie den Text nicht mehr.

• **Wörter hervorheben**
Damit werden die gerade vorgelesenen Wörter farbig hervorgehoben.

Text markieren
Bleiben Sie mit dem Finger so lange auf dem Bildschirm, bis die **Lupe (3)** erscheint. Nehmen Sie dann den Finger weg, sehen Sie, das ein oder mehrere Wörter blau markiert worden sind und darüber eventuell ein kleines Auswahlfenster erschienen ist.
Die Textmarkierung selbst hat links und rechts zwei **Anfasser (4)** (kleine Kugeln). Damit können Sie die Markierung nach Ihren Wünschen erweitern. Sie wissen schon: **Anfassen und verschieben**. Sind Sie mit Auswahl zufrieden, brauchen Sie nur noch auf **Sprechen (5)** zu tippen und **Siri liest Ihnen den Text vor**.

HINWEIS:
Damit Siri funktioniert, müssen Sie eine aktive Internet-Verbindung haben

APPS

KALENDER | Übersicht und Kalender

Die Bedienelemente

(1) Ansicht Jahr
Der rote Kreis kennzeichnet den aktuellen Tag

(2) Suche nach einem Termin

(3) Neuen Termin anlegen

(4) Mit einem Tipp auf einen Monat öffnet sich die Monatsansicht **(8)**

(5) Zum heutigen Datum springen

(6) Kalender verwalten

(7) Eingang
Anzeige und Bearbeitung von Einladungen zu Terminen

(8) Monatsansicht mit Terminanzeige **(9)**

(10) Ein Punkt unter einem Tag kennzeichnet einen Termin. Tippen Sie auf diesen Tag, wird der Termin in einer separaten Zeile **(9)** angezeigt.

(11) Monatsübersicht ohne Terminzeile
Die Umschaltung erfolgt über dieses Symbol **(12)**
Tippen Sie in dieser Darstellung auf einen Tag, erhalten Sie eine Listendarstellung **(13)** der Termine.

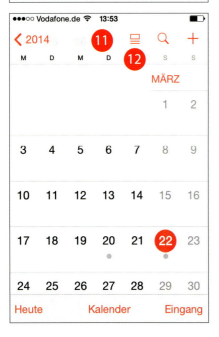

Kalender bearbeiten

Zur besseren Übersicht können Sie eigene Kalender anlegen, die Standard-Kalender umbenennen und einzelne Kalender ausblenden. Tippen Sie dazu am unteren Rand des Bildschirms auf **Kalender (6)**, öffnet sich das **Übersichts- und Bearbeitungsfenster**.

HINWEIS:
Der Geburtstagskalender erhält seine Termine automatisch aus den Einträgen der Kontakte.

Termine eingeben | **KALENDER**

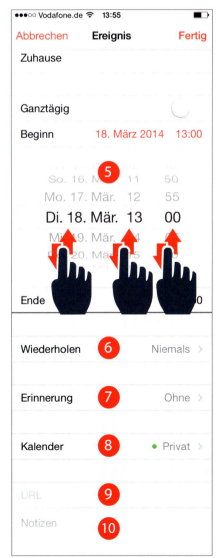

Einen neuen Termin eintragen

(1) Tippen Sie auf das Plus-Symbol

(2) Geben Sie Titel/ Name des Termins ein

(3) Ort eingeben

(4) Ist der Termin ganztägig?
Wenn ja, auf den Schalter tippen

Schieben Sie dann das Fenster nach oben, verschwindet die Tastatur und weitere Eingabefelder sind zu sehen.

(5) Datum, Beginn und Ende über die 3 bekannten Schieber eingeben

(6) Ist das ein regelmäßiger Termin?
Mit einem Tipp auf die Zeile erhalten Sie die Auswahl zwischen:
Niemals, Täglich, Wöchentlich, Alle 2 Wochen, Monatlich, Jährlich

(7) Erinnerung
Das iPhone erinnert Sie zum gewählten Zeitpunkt mit einem Signalton und einer Meldung am Bildschirm

(8) Kalender für den Termin auswählen

(9) URL
Ist der Termin mit einer speziellen Webseite verbunden, ist hier der richtige Platz dafür

(10) Notizen
Hier können Sie noch zusätzlichen Text eingeben

Termine verändern
Mit einem Tipp auf einen Termin öffnet sich das **Bearbeitungsfenster**. Bleiben Sie mit dem Finger länger auf einem Eintrag, können Sie die Dauer direkt bearbeiten und auch den ganzen Eintrag auf einen anderen Zeitpunkt verschieben.

UHR | Weltuhr

Wie spät ist es?

Auf der Startseite der Uhr-App finden Sie beim ersten Start die aktuelle Uhrzeit der eingestellten Zeitzone – bei uns also Berlin (1). Die Farbe der Uhr, weiß und schwarz, symbolisiert Tag und Nacht.

Mit einem Tipp auf das **Plus-Symbol** (2) können Sie eine zusätzliche Stadt hinzufügen – ich habe mich für New York und Los Angeles entschieden. Geben Sie dazu in der Suchzeile (3) die Anfangsbuchstaben der Stadt ein und wählen Sie dann aus den Vorschlägen den richtigen aus.
Das Ergebnis sollte dann so aussehen (4).

Mit einem Tipp auf **Bearbeiten** (5) können Sie einzelne Uhren löschen (6) und auch die Reihenfolge ändern (7). Bestätigen Sie dann Ihre Einstellungen mit einen Tipp auf **Fertig**.

Am unteren Rand der Anzeige finden Sie die Schalter für:

- Weltuhr
- Wecker
- Stoppuhr
- Timer

Hier die Darstellung der Stoppuhr, mit den normalen Bedienelementen:
- **Starten** (wird dann zu **Stoppen**)
- **Runde**, für die Zeiterfassung einzelner Runden

Weltuhr | UHR

Der Wecker im iPhone ist fast schon traditionell gehalten:

(1) Mit einem Tipp auf das Pluszeichen legen Sie einen neuen Wecker an.

(2) Geben Sie über die Einstellräder die gewünschte Uhrzeit ein

(3) Dieser Wecker soll regelmäßig klingeln? Dann stellen Sie Wiederholungen ein

(4) Hier können Sie noch einen Namen für den Wecker vergeben

(5) Wählen Sie hier den gewünschten Ton

(6) Mit dem Schlummer-Schalter aktivieren Sie den virtuellen „Weiterschlaf-Knopf". Wenn der Wecker klingelt, können Sie sich mit einem Tipp auf das Display oder einem kurzen Druck auf den StandBy-Schalter noch mal **9 Minuten extra Schlaf** gönnen, bevor der Wecker wieder klingelt

(7) Anzeige des aktuell angewählten Weckers

(8) Schalter zum Deaktivieren des Weckers Darstellung wird dann grau

(9) Das Bearbeiten-Fenster zeigt eine Übersicht aller eingestellten Wecker. Hier können Sie mit einem Tipp die **Einstellungen** für einen Wecker bearbeiten bzw. ihn komplett löschen

| HINWEIS:
| Ist ein Wecker aktiv, sehen Sie in der Statusleiste das
| Wecker-Symbol.

| TIPP:
| Möchten Sie einen Wecker mehrere Tage im voraus
| programmieren, verwenden Sie dafür bitte die App
| Erinnerungen oder einen Termin im Kalender.

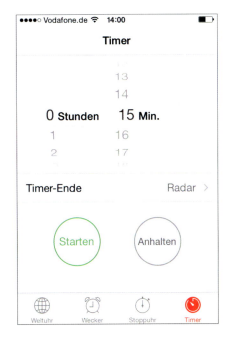

TIMER
Der Timer zählt von der eingestellten Zeit herunter und gibt am Ende ein **Signal**. Haben Sie bereits Musik auf dem iPhone, erscheint am unteren Rand noch eine zusätzliches Bedienzeile, mit der Sie am Ende des Timers nicht nur den Signalton wählen können, sondern auch die **Wiedergabe** nach der eingestellten Zeit automatisch **stoppen**. Ganz praktisch, wenn Sie mit Musik einschlafen möchten.

APPS

KARTEN | Orte und Adressen finden

Immer den richtigen Weg finden

Mit der Karten-App sind Sie auf der ganzen Welt zuhause. Sie können sich zum Beispiel **Urlaubsziele** schon vorab genau ansehen, ja fast schon dort spazieren gehen. Und das Beste: sich **von einem Ort zum anderen navigieren** (ab iPhone 4s) lassen.

WICHTIG:
All diese Daten sind live und werden nicht auf dem iPhone gespeichert. Wenn Sie unterwegs sind, wird damit Ihr **Datenvolumen** belastet, im Ausland können hohe **Roamingkosten** (Seite 137) anfallen!

Beim ersten Start sehen Sie Karte des Landes, in dem Sie sich gerade befinden und eventuell Ihren aktuellen Standort, symbolisiert durch einen pulsierenden Punkt. Die Darstellung selbst können Sie jetzt nach Belieben vergrößern, verkleinern, verschieben.

Eine Adresse suchen:
Geben Sie im Suchfeld (1) die Adresse ein und trennen sie dabei Straße, Ort und Land durch ein Komma. Schon während der Eingabe erhalten Sie eine **Vorschlagsliste**. Ist Ihre gesuchte Adresse dabei, dann tippen Sie auf diese Zeile.

ERINNERUNG:
Mit einem Tipp auf den grauen Kreis mit dem x, ganz rechts in der **Suchzeile**, löschen Sie die komplette, aktuelle Eingabe in der Suchzeile.

Kurze Zeit später sehen Sie den **Zielort** (Stecknadel) in einer normalen Kartendarstellung. Mit einem Tipp auf die Stecknadel bzw. die Beschriftung (2) erhalten Sie weitere Informationen. Hier (3) können Sie den Zielort in den Lesezeichen ablegen oder auch per E-Mail verschicken.

Tippen jetzt Sie bitte auf das kleine **i-Symbol** (4) in der unteren rechten Ecke. Es öffnet sich ein kleines Fenster mit verschiedenen Einstellungen. Wählen Sie **Hybrid** (5) oder **Satellit** (6) aus, erhalten Sie eine fotorealistische Darstellung der Karte.
Über die Schaltfläche **Verkehr** werden zusätzlich aktuelle Verkehrsinformationen und Staus eingeblendet.

TIPP:
Die beiden Bearbeitungsleisten am oberen und unteren Rand können Sie mit einem Tipp in die Karte aus- und einblenden.

Navigieren | KARTEN

Navigation

Haben Sie auch schon immer von einem persönlichen Assistenten geträumt, der Sie sicher und schnell an Ihr Ziel bringt? Auch über Grenzen hinweg?
Nun, mit dem iPhone ist das möglich.
Zum Starten der Navigation haben Sie verschiedene Möglichkeiten:

• Eingabe von Start und Ende über das Symbol des abbiegenden Pfeiles **(1)**. Geben Sie dann Start und Ende der Route ein, wählen Sie das Verkehrsmittel und bestätigen Sie mit einem Tipp auf Route **(2)**.

• Über das Adressbuch (Kontakte) von Ihrem aktuellen Standort aus.

• Zu einem Ziel (Stecknadel) von Ihrem aktuellen Standort aus. Tippen Sie dazu auf das Auto-Symbol **(3)**.

Nach kurzer **Berechnungszeit** sehen Sie die normale Landkarte mit 3 Routen **(4)**. Alle haben eine kleine Fahne mit der berechneten Fahrzeit. Die dunkelblaue ist die schnellste Route. Der Tipp auf eine alternative Route macht diese zur **Hauptroute** und übernimmt diese Daten auch in die Listendarstellung **(5)**.

Die **Listendarstellung** der Route erhalten Sie über das kleine Symbol **(6)** unten links.

Schließen Sie die Listendarstellung wieder indem Sie auf Fertig **(7)** tippen und starten Sie die Navigation mit Start **(8)**. Über das i-Symbol können Sie sogar die aktuelle Verkehrslage einblenden – sehr praktisch.

Das iPhone passt die Darstellung immer den aktuellen Erfordernissen an und lotst Sie auch per Sprache ans Ziel.

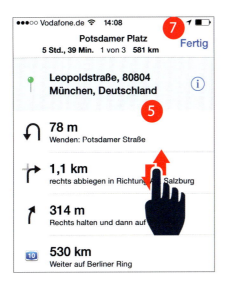

107

KARTEN | Darstellungen

Hier eine Auswahl der Darstellungsmöglichkeiten der Karten-App:

• mittlere Vergrößerung mit Echtzeit-Anzeige der Verkehrsinformationen (rot = Stau)
>Aktivierung über das i-Symbol (1)

• Hybrid-Darstellung (Satellit & Standard) (2)
>Aktivierung über das i-Symbol (1)

• Detail-Auflösung in Standard Darstellung

Umso weiter Sie in die Karte hinein zoomen (3), also vergrößern, desto mehr Details werden angezeigt. Tankstellen, Restaurants, Sehenswürdigkeiten, Geschäfte und vieles mehr..

Ziele/Routen ablegen, weitergeben und drucken

Mit einem Tipp auf das Weiterverarbeitungs-Symbol öffnet sich ein Fenster mit diesen Möglichkeiten:

• Ziel per SMS/iMessage verschicken

• Ziel per E-Mail verschicken

• Ziel auf Twitter oder Facebook posten

• Ziel in der Leseliste ablegen

• Ziel/Route drucken (Air-Print)

Erstellen und verwalten | **NOTIZEN**

Kleine, gelbe Zettel

Notizen sind die elektronische Form der beliebten **gelben Haftzettel**, auch gerne mal „Postit" genannt. Damit können Sie Informationen aller Art speichern.

Beim ersten Start öffnet eine nahezu leere Seite (1), lediglich rechts oben sehen Sie Neu (2).

Eine neue Notiz erstellen

Tippen Sie oben rechts auf das Neu-Symbol (2), dann öffnet sich die Tastatur und die Einfügemarke (3) (blinkt blau) erscheint unterhalb des Datums. Jetzt können Sie direkt Ihre erste Notiz eingeben und mit Fertig (4) die Eingabe abschließen.

HINWEIS:
Notizen werden bei der Eingabe automatisch gesichert, Sie müssen sich um nichts kümmern.

Mit einem Tipp auf Notizen (5), kommen zurück zur Übersicht (6) aller bisher eingegebenen Notizen. Dort können sie eine Notiz:

- mit einem Wisch & Tipp löschen (7)
- öffnen und bearbeitet (auf die Zeile Tippen)
- den aktuelle Tipp verschicken

ERINNERUNGEN | Erstellen und verwalten

Gegen die Vergesslichkeit

Mit der App Erinnerungen können Sie ganz einfach **Termine** und **Aufgaben** verwalten. Wenn Sie viele Termine haben, können Sie sogar mehrere Listen anlegen, um mehr Übersicht zu bekommen.

Nach dem ersten Start der App vom Hauptbildschirm, sehen Sie folgende Elemente:

(1) Suchfeld
Sie haben so viele Termine, dass Sie die Übersicht verloren haben? Kein Problem, mit der **Suchfunktion** finden Sie den Eintrag wieder. Einfach auf das Suchfeld tippen und ein Wort, das zu dem Termin passt, eingeben. In der Ergebnisliste können Sie dann den gewünschten Termin auswählen.

(2) Wecker
Anzeige aller **aktiven** Erinnerungen mit Uhrzeit

(3) Neue Liste
Hier können Sie zur besseren **Übersicht** eine neue Liste anlegen. Einfach darauf tippen, Namen **(4)** und Farbe vergeben **(5)** und mit Fertig **(6)** bestätigen.

(7) Übersicht
Bereits angelegte Liste(n) mit der Anzahl der Erinnerungen **(8)**

(9) Tippen Sie auf eine Liste, sehen Sie die darin gespeicherten Erinnerungen.
• Aktive Einträge **(10)**
• Erledigte haben eine Punkt neben dem Namen **(11)**

Zurück zur Hauptübersicht gelangen Sie mit einem Tipp auf den Namen einer Liste.

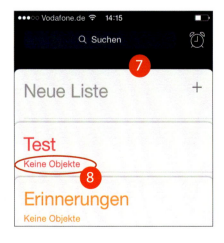

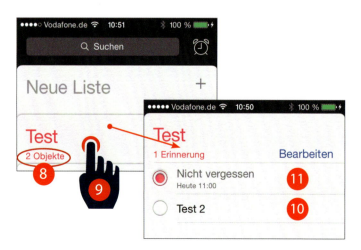

Erstellen und verwalten | **ERINNERUNGEN**

Neuen Termin anlegen

Tippen Sie dazu als erstes auf eine Liste für die Erinnerung und dann auf eine leere Zeile (1) >> Die Tastatur erscheint und Sie können den Namen für die Erinnerung eingeben (2).
Tippen Sie dann auf kleine i mit dem Kreis (3) und das Eingabefenster (4) für die Details öffnet sich für die diese Daten:

• Name (5)

• Tagesabhängige Erinnerung (6)
Hier können Sie Datum und Uhrzeit für einen Wecker eingeben

• Ortsabhängige Erinnerung (7)
Möchten Sie erinnert werden, wenn Sie sich an einem bestimmten Ort befinden? Hier können Sie die Einstellungen dafür vornehmen.

• Priorität (8)

• Liste (9)
Den Eintrag einer Liste zuordnen

• Notizen (10)
Zu jedem Termin können Sie noch persönliche Notizen eingeben.

Bestätigen Sie die Eingabe mit Fertig (11), sehen Sie die Erinnerung in der Liste (12).

Mit einem Tipp auf Bearbeiten (13) können Sie der aktive Liste (14) eine neue Farbe zuweisen und Einträge (15) löschen.
Bestätigen Sie Ihre Eingaben mit einem Tipp auf Fertig.

Wie immer können Sie die Löschfunktion für einzelne Einträge auch mit einem Wisch (16) von rechts nach links aktivieren.

Mit der App Erinnerungen können Sie sich ganz einfach eine **ToDo-Liste** erstellen und verwalten.

APPS

111

GAME CENTER | Spiele

Wie der Name schon sagt, hier geht es um Spiele und Unterhaltung. Gleich nach dem Start werden Sie aufgefordert, sich mit Ihrer Apple ID zu authentifizieren und dann einen Kurznamen zu vergeben. Das dient dazu, Sie als **Online-Spieler** zu registrieren und zu identifizieren.

> **WICHTIG:**
> Das sollten Sie nur machen, wenn Sie auch tatsächlich vorhaben, an Online-Spielen teilzunehmen.

Wenn nicht, dann drücken Sie einfach auf Abbrechen und gelangen direkt zum App Store für Spiele. Dort sehen Sie eine erste Auswahl.

Sie sind ein richtiger **Spiele-Freak**, ein Gamer und wollen die ganze Welt herausfordern? Dann weiter.

Nach der Authentifizierung müssen Sie sich für die Online-Kennzeichnung noch einen **Kurznamen** ausdenken und anlegen. Das ist gar nicht so einfach, viele Namen sind schon vergeben. Probieren Sie einfach weiter aus, oder nehmen einen der Namen aus der Vorschlagliste. Tippen Sie dann auf **Weiter**

Game Center | **SPIELE**

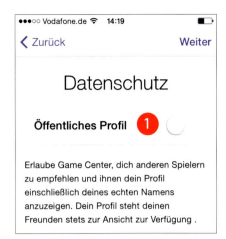

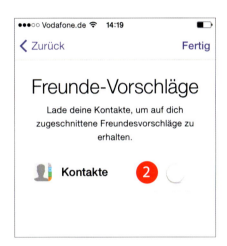

WICHTIG:
Jetzt geht es um die Einstellungen zu Ihrer **Persönlichkeit** und der **Veröffentlichung** dieser Daten. Überlegen Sie lieber zweimal, bevor Sie alles öffentlich machen – das geht später immer noch.

Mein Vorschlag:
Erst mal **kein** Öffentliches Profil (1) und **keine** automatische Einladung von Freunden (2). Dazu schieben Sie den Schalter in beiden Fenstern einfach nach links - fertig.

Und schon sind Sie im App Store für Spiele.

Probieren Sie ruhig mal das eine oder andere Spiel, da gibt es mittlerweile eine große Auswahl. Für jeden ist etwas dabei.

InApp-Käufe – Kostenfalle
Viele Spiele sind überraschenderweise kostenlos. Lassen Sie sich aber nicht täuschen, **nach dem Start werden Sie mitten im Spiel dann doch zum Zahlen aufgefordert.** Das sind so genannte InApp-Käufe mit denen Sie zusätzliche Möglichkeiten, Spielebenen oder Ausrüstung kaufen sollen. Bitte aufpassen!

APPS

TOUCH ID | Anlegen - Bearbeiten

⑤ Touch ID (nur iPhone 5s)
macht Ihren Fingerabdruck zu Ihrem ganz persönliches Kennwort – ähnlich, wie Sie es im Fernsehen vielleicht schon gesehen haben. Sie müssen zum Entsperren Ihres iPhones keinen Zahlencode mehr eingeben, Ihr Fingerabdruck genügt.

So funktioniert's:
Starten Sie die Touch ID-App vom Startbildschirm. In den folgenden Fenstern werden Sie immer wieder aufgefordert, Ihren Finger auf den Sensor (=Home Button) zu legen. So lange, bis alle Linien Ihres Fingerabdrucks erfasst worden sind – auch die Ränder. Den Fortschritt können Sie auch an der Grafik sehen, die grauen Linien füllen sich immer mehr rot.
Ein leichtes Vibrieren signalisiert einen erfolgreichen Einlese-Vorgang (Scan).

Ist das vollständige Profil eingelesen worden, können Sie Ihren Finger zum Entsperren des iPhones verwenden. Das erspart Ihnen ab sofort das lästige Eingeben des Sperrcodes.

Mit Touch ID können Sie auch Ihre Einkäufe im iTunes Store und dem App Store autorisieren.

WICHTIG:
Damit Touch ID aktiviert werden kann, müssen Sie zur Sicherheit auch den Sperrcode (Seite 125) eingeben. Dieser dient als Reserve zum Entsperren, falls die Erkennung des Fingerabdrucks nicht funktioniert (Sensor ab und zu mit einem feuchten Tuch reinigen).

Einstellungen
Damit machen Sie aus einem beliebigen iPhone ihr ganz persönliches Gerät.

Das iPhone können Sie auf vielfältige Weise Ihren Bedürfnissen anpassen.
Vom einem neuen Hintergrundbild bis hin zu größerer Schrift – vieles ist möglich.

© goodluz - fotolia.com

EINSTELLUNGEN | Verbindungen nach draußen

Das iPhone können Sie auf **vielfältige Weise** an Ihre persönlichen Bedürfnisse anpassen. Vieles ist selbsterklärend und auch **schon passend eingerichtet**. Andere sollten neu konfiguriert werden. Hier eine Auswahl der wichtigen Einstellmöglichkeiten:

(1) Flugmodus
Damit schalten Sie alle Funkverbindungen ab und können so das iPhone auch im Flugzeug verwenden

(2) WLAN
Anzeige und Einstellungen für das WLAN Netzwerk

(3) Bluetooth
Anzeige und Einstellungen für eine Bluetooth-Verbindung. Haben Sie keine Verbindung zu anderen Bluetooth-Geräte aktiv, sollten die Funktion ganz **ausschalten – spart Batterie**.

(4) Mobiles Netz
Siehe gegenüberliegenden Seite >>

(5) Persönlicher Hotspot
Damit können Sie anderen Personen und Computern Ihren Internetzugang zur Verfügung stellen, über WLAN, Bluetooth und USB. Bitte nur bei tatsächlichem Bedarf aktivieren und danach wieder ausschalten

(6) Netzbetreiber
Möglichkeit zum Umschalten zwischen automatischer und manueller Verbindung mit einem Funknetzwerk.

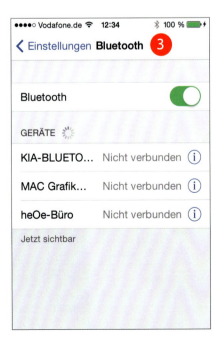

116

Mobile Daten | EINSTELLUNGEN

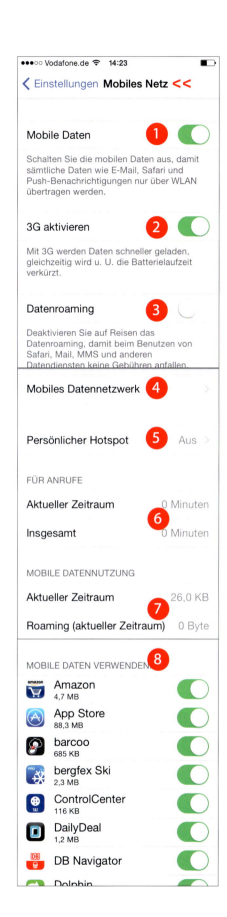

>> Mobiles Netz

(1) Mobile Daten

Damit aktivieren Sie die Datenübertragung über die SIM-Karte. Haben Sie einen Mobilfunk-Tarif mit wenig Datenvolumen oder sind schon fast an der Grenze angelangt, können Sie den Datentransfer abschalten. Im Normalfall ist dieser Punkt aber aktiviert.

(2) 3G aktivieren
Schnelle Datenübertragung > Immer einschalten

(3) Datenroaming > WICHTIG
Befinden Sie sich außerhalb Ihres normalen Funk-Netzwerkes (Ausland), können bei der Datenübertragung hohe Kosten anfallen. Mein Tipp: Zur Sicherheit am Anfang **ausschalten**.

(4) Mobiles Datennetzwerk
Diese Einstellungen werden automatisch durch die SIM-Karte
eingetragen.

(5) Persönlicher Hotspot
(gleiche Einstellungen wie Seite 116)

(6) Für Anrufe
Statistik für Anrufe

(7) Mobile Datennutzung
Statistik der bisher verbrauchten Daten.

(8) Mobile Daten Verwenden
Hier können Sie entscheiden, welche Apps unterwegs Daten laden dürfen.

Statistiken zurücksetzen (am Ende der Seite)
Hier können Sie die Anzeige der mobilen Datennutzung auf Null setzen. Praktisch, wenn Sie einen limitierten Vertrag haben und Sie die Aufzeichnung zum Monatsanfang immer auf Null setzen.

EINSTELLUNGEN | Mitteilungszentrale

Erinnern Sie sich noch an den **Sperrbildschirm**? Und die Möglichkeit vom oberen bzw. unteren Rand spezielle Daten abrufen können?
Neben den „normalen" Bildschirmen gibt es ja noch 2 extra Fenster mit zusätzlichen Informationen. Am Sperrbildschirm werden diese Fenster mit zwei kleinen Balken **(1/2)** symbolisiert.

>> Mitteilungszentrale
Die Mitteilungszentrale öffnen Sie, indem Sie mit dem Finger am oberen Rand von oben nach unten streichen **(3)**.
HINWEIS:
Beginnen Sie mit der Bewegung knapp außerhalb **(4)** des aktiven Bildschirms, dann wird der Befehl auch sicher erkannt!
Sie schließen das Fenster, indem Sie es unten am „Griff" nehmen **(5)** und nach oben wegschieben.

Einstellmöglichkeiten
(6) Zugriff im Sperrbildschirm / Ansicht heute
Beide Schalter aktivieren, dann ist die Mitteilungs-Zentrale auch im Sperrbildschirm aktiv.

(7) Ansicht heute
Hier stellen Sie ein, welche Apps in der Mitteilungszentrale angezeigt werden. Wenn Sie dieses Fenster noch weiter nach unten schieben, werden noch weitere, externe Apps angezeigt.

(8) Die Darstellung der Mitteilungszentrale
So, oder so ähnlich, sieht das Fenster dann aus

(9) Kamera
Mit einem Tipp auf dieses Symbol können Sie direkt die Kamera aktivieren.

118

Kontrollzentrum | EINSTELLUNGEN

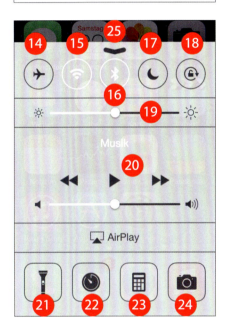

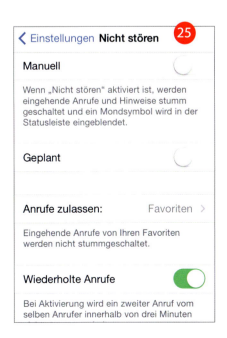

>> Kontrollzentrum (10)
Über das Kontrollzentrum haben Sie einen schnellen Zugriff auf wichtige Einstellungen, ohne mühsam durch die Einstellungen-App zu navigieren. Aktive Funktionen werden weiß dargestellt.
Zum Öffnen **legen** Sie den Finger auf den unteren Rand, etwas außerhalb des Bildschirms (11), und wischen dann nach oben.

Einstellmöglichkeiten
(12) Zugriff im Sperrbildschirm
Mit diesem Schalter aktivieren Sie den Zugriff auf das Kontrollzentrum im Sperrbildschirm.

(13) Zugriff von Apps aus
Mit diesem Schalter aktivieren Sie den Zugriff auf das Kontrollzentrum von anderen Apps aus. Das kann manchmal etwas nervig sein, wenn das Fenster immer wieder versehentlich einblendet. Dann hier ausschalten. Der Zugriff über den Home-Bildschirm ist dann immer noch möglich.

Anzeige und direkte Auswahl bzw. Bedienung
(14) Flugmodus
(15) WLAN
(16) Bluetooth
(17) Nachtmodus
(18) Ausrichtungssperre
(19) Helligkeit
(20) Musik
(21) Taschenlampe
(22) Timer
(23) Rechner
(24) Kamera

Weiße Symbole bedeuten eine aktive Funktion.

Zum **Schließen** des Fensters tippen Sie auf den Hintergrund oder nehmen es am oberen Rand am „**Griff**" (25) und schieben es nach unten raus.

>> Nicht stören (25)
Mit der nicht stören Funktion können Sie per Hand oder auch zeitgesteuert bestimmen, wer wann zu Ihnen durchgestellt wird.

EINSTELLUNGEN | Allgemein

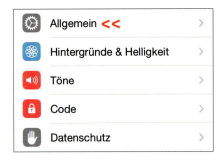

>> **Allgemein**
Der umfangreichste Bereich, hier gibt es einige praktische und wichtige Einstellungen zu beachten.

(1) Info
Damit öffnen Sie das große Übersichtsfenster, das alle möglichen Daten von Ihrem iPhone anzeigt. Nur Anzeigen, keine aktiven Einstellungen.

(2) Softwareaktualisierung
Mit einem Tipp sehen Sie, welche Version des iOS-Betriebssystems installiert ist und auch verfügbare bzw. nötige Updates – symbolisiert durch den kleinen grauen Punkt.

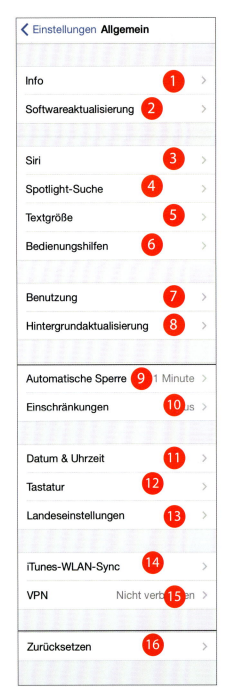

(3) Siri – Der Sprachassistent (ab iPhone 4s)
Sprechen statt tippen und hören statt lesen.
Siri aktivieren Sie mit einem längeren Druck auf den Home-Button >> Details auf Seite 100-101

(4) Spotlight-Suche
Hier stellen Sie ein, welche Bereiche und in welcher Reihenfolge das iPhone bei einer Suche durchsucht wird.

(5) Textgröße
Das ist sehr interessant, hier können Sie die Buchstabengröße Ihren Bedürfnissen anpassen. Erwarten Sie aber nicht zu viel, das funktioniert nur mit wenigen Apps.

(6) Bedienungshilfen
WICHTIG: Hier gibt es viele sinnvolle und nützliche Einstellungen > Seite 122

(7) Benutzung
Noch mehr Statistiken und technische Werte.
Hier können Sie die Anzeige der Batterieladung in Prozent ein- ausschalten.

(8) Hintergrundaktualisierung
WICHTIG: Hier können Sie einstellen, welche Apps im Hintergrund aktualisiert werden dürfen. Sinnvoll nur für Live-Apps wie Navigation. Alle anderen bitte per Hand aktualisieren. Die Nachricht dazu erfolgt automatisch über den App Store.

(9) Automatische Sperre
Zeitdauer für den automatischen Schlafmodus

(10) Einschränkungen
Regelt den Zugriff und die Benutzung von Apps, ähnlich einer Kindersicherung).

Allgemein | EINSTELLUNGEN

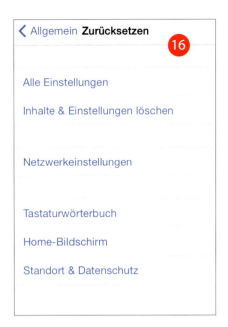

(11) Datum und Uhrzeit
Einstellungen für die Zeitzone, die 24-Stunden-Anzeige und die Zeit-Automatik

(12) Tastatur
Hier können Sie verschiedene Einstellungen und Kurzbefehle für die Tastatur definieren.
Im Unterpunkt Tastaturen finden Sie die beliebten Emoji-Symbole (Smilies) für Kurznachrichten.

(13) Landeseinstellungen
Sprache, Sprachsteuerung, die Region und der Kalender werden hier eingestellt.

(14) iTunes WLAN-Sync
Damit wird eine automatsiche Synchronisierung mit Ihrem Computer über WLAN aktiviert. Das bedeutet, der Datenaustausch wird ohne Kabel durchgeführt.

(15) VPN
Aktivierung und Einstellungen für eine privates Netzwerk – nur was für Spezialisten.

(16) Zurücksetzen
WICHTIG:
Hier können Sie einzelne Bereiche oder auch das ganze iPhone zurücksetzen. Bitte benutzen Sie diese Funktionen nur, wenn Sie sich sicher sind, was damit ausgelöst wird!

Von vorne beginnen
Haben Sie ein **gebrauchtes iPhone** erworben und der Vorbesitzer hat vergessen, es zu löschen, sollten Sie gleich am Anfang, **noch bevor Sie irgend etwas anderes machen**, alle Daten des Vorbesitzers entfernen. Nur dann können Sie sicher sein, dass es später keine Probleme gibt und Sie wirklich vom Anfang an starten.
Ob Ihr iPhone richtig zurückgesetzt wurde, sehen gleich beim ersten Start:
• der Bildschirm zeigt ein Hallo > alles ok
• Es ist der normale Start- oder Sperrbildschirm zu sehen? >> **unbedingt** zurücksetzen

So geht's
Gehen Sie dazu auf Einstellungen > Allgemein > Zurücksetzen > Inhalte und Einstellungen löschen > Und bestätigen dann die beiden Sicherheitsabfragen.

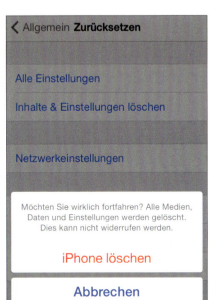

WICHTIG:
Aus Sicherheitsgründen benötigen Sie zum Löschen die Kenndaten der Apple ID, auf die dieses iPhone registriert wurde!

EINSTELLUNGEN | Bedienhilfen

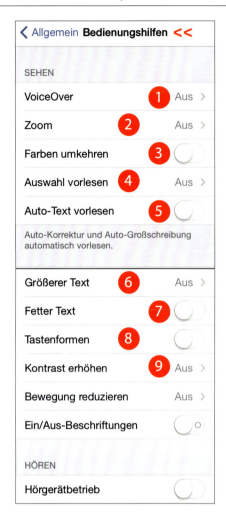

>> Bedienungshilfen

In diesem Menü finden Sie viele sinnvolle Einstellungen und Anpassungsmöglichkeiten.

(1) Voice Over
Ist diese Funktion aktiviert, werden Ihnen alle Bedienschritte, Fenster, Menüs und Inhalte vorgelesen.
Wichtig: Die Bedienungsgesten ändern sich dadurch: Tippen Sie auf ein Icon oder einen Menüpunkt, wird Ihnen der Inhalt bzw. die Funktion erst einmal vorgelesen. Zum aktivieren der Funktion müssen Sie dann einen Doppel-Tipp ausführen.

(2) Zoom
Damit wird die Darstellung aller Elemente am Bildschirm deutlich vergrößert und damit auch die Lesbarkeit. Gleichzeitig müssen Sie natürlich die Inhalte mehr schieben >> **nach Wunsch**

(3) Farben umkehren
Nun ja, die Oberfläche wird mit negativen Farben dargestellt >> **nach Wunsch**

(4) Auswahl vorlesen
Aktivieren diese Funktion, wird Ihnen beim Markieren von Text die Auswahl **Vorlesen** angeboten (Seite 101) >> **nach Wunsch**

(5) Auto-Text vorlesen
Ist diese Funktion aktiv, werden Ihnen Auto-Korrekturen und Wortvorschläge des Systems vorgelesen >> **nach Wunsch**

(6) Größerer Text
Dahinter versteckt sich die gleiche Einstellung wie bei Textgröße. Erwarten Sie nicht zu viel, nur ganz wenige Apps unterstützen diese Funktion.

(7) Fetter Text
Ist Ihnen die Schrift zu dünn und nur schwer zu lesen? Dann kann eine dickere Schrift für Sie die Lösung sein >> **nach Wunsch**
Zum Wechsel der Schrift wird das iPhone neu gestartet.

(8) Tastenformen
Damit werden die Befehle in Fenstern und Menüs grau umrandet, um Sie deutlicher als Befehl zu kennzeichnen.

122

Bedienhilfen | **EINSTELLUNGEN**

(9) Kontrast erhöhen
Mit diesem Schalter wird die Transparenz mancher Fenster verringert, um so eine bessere Lesbarkeit zu erzielen >> **EIN**
Zudem können Sie Intensität der Farben und des weißen Hintergrunds reduzieren.

(10) Bewegungen reduzieren
Damit werden bestimmte 3D-Effekte der Oberfläche reduziert. Das erhöht gleichzeitig auch die Lesbarkeit >> **EIN**

(11) Ein- Aus-Beschriftung
Na ja, damit können Sie bei den Schaltern zusätzlich zur Farbe noch ein kleines Symbol aktivieren >> **egal**

(12) Hörgerätebetrieb
Moderne Bluetooth-Hörgeräte können über diesen Schalter mit dem iPhone verbunden werden.

(13) Untertitel
Wenn verfügbar, werden damit Untertitel eingeblendet. Speziell für hörgeschädigte Menschen.

(14) LED-Blitz
Bei Hinweisen wird zusätzlich ein Blitz aktiviert

(15) Mono-Audio
Wählen Sie, welchen Ton-Kanal Sie hören möchten

(14) Alle weiteren Einstellungen in diesem Fenster, wie Lernen und alternative Bedienmethoden sind sehr speziell und mit Vorsicht zu genießen.

123

EINSTELLUNGEN | Bilder & Töne

>> Hintergründe & Helligkeit
Hier können Sie Startbildschirm und Hauptbildschirm einen eigenen Hintergrund aus Ihren Fotos zuweisen.

(1) Helligkeit / Auto-Helligkeit
Wählen Sie mit dem Schieberegler die passende Helligkeit und aktivieren Sie dann Auto-Helligkeit. So haben Sie in den meisten Fällen eine der Umgebung sinnvoll angepasste Leuchtkraft.

(2) Neuen Hintergrund wählen
Hier haben Sie die Möglichkeit, Sperrbildschirm und Startbildschirm mit einem anderen Hintergrund zu versehen.
Es stehen Ihnen Bilder von Apple und all Ihre Fotos zur Verfügung.

>> Töne
Einstellungen für Klingel- und Hinweistöne

(3) Vibrieren
Das iPhone verfügt über einen Vibrationsalarm, den Sie getrennt für Anrufe und Anrufe im Lautlos-Modus aktivieren können

(4) Klingel- und Hinweistöne
Im „Normalfall" stellen Sie eine Lautstärke ein, die dann immer konstant ist bzw. über dieses Menü geändert werden kann. Die Lautstärke-Tasten seitlich am Gerät ändern dann nur die Lautstärke für Musik und Videos.
Akitvieren Sie **Mit den Tasten ändern**, können Sie im Sperr- und Home-Bildschirm die Lautstärke des Klingeltons auch mit den seitlichen Tasten ändern.

(5) Töne - und Vibrationsmuster
Hier können Sie für alle möglichen Gelegenheiten einen unterschiedlichen Klingelton definieren. Ganz unten auf der Seite finden Sie noch die Schalter für den Ton bei Sperren und den Tastaturanschlägen >> **nach Bedarf**

Sicherheit & Codes | **EINSTELLUNGEN**

>> Code-Sperre
Zur Sicherheit können Sie Ihr iPhone mit einem 4-stelligen Tastaturcode (1) bzw. beim iPhone 5s auch mit Touch ID (Fingerabdruck) sichern.
Wenn Sie viel unterwegs sind und sensible Daten gespeichert haben, macht das Sinn, zuhause nervt es eher.

>> Datenschutz
Hier sollten Sie genau hinsehen und die Freigabe Ihrer Daten genau kontrollieren.

Ortungsdienste (2) aktivieren – ja, aber mit dem richtigen Augenmaß. Mit einem Tipp auf die Zeile öffnet sich die Übersicht (3). Ein blauer Pfeil (4) neben der App zeigt Ihnen den Zugriffe auf ihre Daten an. Was Sie nicht sehen können, ist eine eventuelle Weitergabe Ihrer ganz persönlichen Ortsdaten an „Andere".

Mein Tipp: Nur bei den wichtigen (Fotos, Navigation, u. ä.) aktiv schalten. Nicht alle Apps müssen wissen, wo Sie sich gerade aufhalten.

WICHTIG:
Ganz am Ende finden Sie den Eintrag Mein iPhone suchen (5). Diesen Punkt immer aktivieren.
Damit können Sie Ihr iPhone aus der Ferne orten, sperren und sogar löschen – man weiß ja nie.

Auch bei Kontakte (6) und Photos (7) sollten Sie kontrollieren, für wen Sie diese sensiblen Daten freigeben.

Gleiches gilt auch bei den Freigaben für Twitter und Facebook, die Sie weiter unten finden.

Werbung
Der letzte Eintrag auf dieser Seite ist ganz schlicht mit Werbung bezeichnet.
Tja, ein heikler Punkt. Wer möchte schon andauernd mit Werbung belästigt werden. Ganz abschalten können Sie die Werbung aber leider nicht. Mit Ad-Tracking erhalten Sie zumindest Werbung, die Ihren Interessen entspricht (nach einer bestimmten Zeit).

125

EINSTELLUNGEN | iCloud • Mail • Kontakte

>> iCloud

Hier können Sie Ihr iCloud-Konto verwalten. Die iCloud ist ein entfernter Speicherplatz für Ihre Daten, der Ihnen kostenlos von Apple angeboten wird. Haben Sie keine Möglichkeit, Ihre Daten auf einem anderen Rechner zu speichern, ist das eine gute Möglichkeit, eine **Sicherheitskopie** Ihrer Daten zu machen. Insgesamt also eine sehr positive Sache, insbesondere, wenn Sie mehrere Geräte von Apple habe. Dann werden alle Geräte automatisch mit den neuesten Daten versorgt.

(1) Account

Hier sehen Sie die e-Mail-Adresse, mit der Sie aktuell bei der iCloud angemeldet sind. Tippen Sie auf diese Zeile, dann sehen Sie alle Details zu Ihrem Konto, mit Speicherplan und Zahlungsdaten.

(2) Speicherung in der iCloud hinzufügen

Auswahl der iCloud-Speicherung für die einzelnen Apps

(3) Schlüsselbund

Im Schlüsselbund werden all Ihre Kennwörter und Zugangsdaten gespeichert. Ob Sie diese sensiblen Daten einem entfernten Rechner anvertrauen sollen? Ich persönlich möchte das nicht …

(4) Fotos / Dokumentet & Daten

Ist diese Funktion aktiviert, werden Ihre Bilder bzw. Daten bei bestehender WLAN-Verbindung in die Cloud geladen und auf alle anderen Apple-Geräte übertragen.

(5) Mein iPhone suchen

Diesen Punkt **immer** aktivieren.
Damit können Sie Ihr iPhone aus der Ferne orten, sperren und sogar löschen – sicher ist sicher.

(6) Speichern & Backup

Unter diesem Menü sehen Sie eine Übersicht von Ihrem iCloud-Speicher.
Wichtig ist der letzte Eintrag: **iCloud-Backup**
Ist diese Funktion aktiv, werden Ihre Daten nur noch in der iCloud gesichert und bei der Synchronisation mit iTunes nicht mehr automatisch gespeichert.

(7) Account löschen

Damit löschen Sie Ihr Konto in der iCloud und alle dort gespeicherten Daten.

Mail • Kontakte • Kalender | **EINSTELLUNGEN**

>> Mail, Kontakte, Kalender
Mit diesem Menü organisieren Sie E-Mail-Konten und die Darstellung in der Mail-App.

(1) iCloud
Zeigt die Einstellung für die iCloud (>> S. 126)

(2) Account hinzufügen
Haben Sie schon einen bestehende E-Mail Adresse, können Sie die Zugangsdaten in einem neuen Fenster unter **Andere** eintragen.

(3) Datenabgleich
Hier gibt es zwei grundsätzliche Wahlmöglichkeiten:
PUSH [:pusch] = Das iPhone verbindet steht in konstanter Verbindung zu Ihrem E-Mail-Server und kontrolliert ständig, ob neue E-Mails da sind. Wenn ja, erhalten Sie sofort eine Meldung.
Das ist schon recht praktisch, Sie erfahren immer sofort, wenn neue E-Mails für Sie da sind.

Es gibt aber auch 2 Dinge die gegen den automatischen Abruf sprechen:

• Manchmal kommt eine Benachrichtigung im unpassenden Moment

• Der ständige Kontakt zu den Servern benötigt viel Leistung und Ihre Batterie wird schneller leer.

LADEN = Sie fragen nach einer bestimmten Zeit oder per Hand Ihre E-Mails ab. Sie erinnern sich: Für den manuellen Abruf Ihrer E-Mail ziehen die Nachrichtenliste nach unten und lassen dann los (>> S. 39)

(4) MAIL
Alle anderen Einstellungen für Mail können Sie am Anfang so lassen, wie sie ab Werk sind.

(5) Signatur
Hier können Sie die Zeile ändern, die das iPhone automatisch unter jede E-Mail setzt.
Als Standard ist hier eingetragen:
Von meinem iPhone gesendet
Da fällt Ihnen doch bestimmt etwas besseres ein, oder? Einfach darauf tippen und einen **persönlichen Text** eingeben.

EINSTELLUNGEN | Notizen • Erinnerungen • Telefon

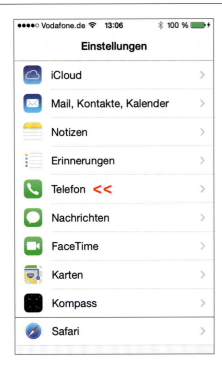

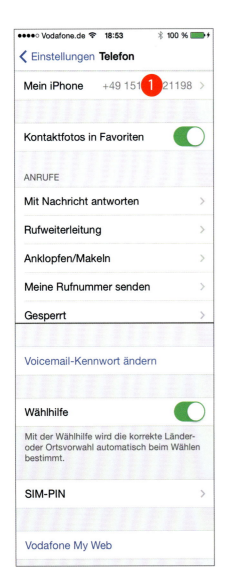

>> Notizen / Erinnerungen
Auswahl Standardaccount bzw. - Liste
Hier gibt's am Anfang nichts zu tun.

>> Telefon
(1) Der erste Eintrag zeigt Ihre Telefonnummer

(2) Kontaktfotos in Favoriten
Damit aktivieren Sie die Fotos Ihrer Kontakte in der Listendarstellung Ihrer Favoriten.

(3) Mit Nachricht antworten
Hier können Sie die 3 Antworttexte für abgewiesene Anrufe ändern

(4) Rufweiterleitung
Eine Anrufweiterleitung auf eine andere Nummer einstellen

(5) Anklopfen/Makeln
Einstellen einer Konferenzschaltung

(6) Meine Rufnummer senden
Damit können Sie bestimmen, ob Ihre Rufnummer bei einem Telefonat übertragen wird. Das bedeutet, der Angerufene sieht Ihre Nummer und kann Sie darüber auch zurückrufen.
Haben Sie die Übertragung abgeschaltet, sieht der Angerufene nur eine „Unbekannt" im Display - ist doch irgendwie unhöflich.
Auch ein Rückruf ist dann nicht möglich.

(7) Gesperrt
Diesen Eintrag finden Sie in vielen Menüs aus dem Bereich Kommunikation. Damit können Sie **unerwünschten Kontakten** ganz heimlich die „Freundschaft kündigen".

(8) Voicemail-Kennwort ändern
Damit vergeben Sie einen Code für Ihren Anrufbeantworter.

(9) Wählhilfe
Ein praktische Funktion. Damit wird automatisch die richtige Länderkennung bzw. Ortsvorwahl bestimmt. Funktioniert nicht immer, ist aber eine gute Hilfe.

(10) SIM-PIN
Hier können Sie eine neue PIN-Nummer für Ihre SIM-Karte vergeben. Das führt gerne mal zu Verwirrungen, da die neue Nummer nicht mehr zu Ihren offiziellen Unterlagen passt.

(7) Vodafone MyWeb
Spezielle Daten Ihres Mobilfunk-Anbieters (hier Vodafone)

Nachrichten • Facetime | EINSTELLUNGEN

>> Nachrichten
Eigentlich gibt es hier nichts zu tun, Sie sollten bereits mit Ihrer Apple ID angemeldet sein. Wenn nicht, erledigen Sie das jetzt, nur dann können Sie die weiteren Einstellungen vornehmen.

(1) iMessage > der kostenlose Nachrichtendienst von Apple >> **EIN**

(2) Lesebestätigung > normalerweise ausschalten, verursacht nur zusätzlichen Datenverkehr >> **AUS**

(3) Als SMS senden
Bei einer schlechten Verbindung werden iMessage Nachrichten als normale SMS verschickt >> **EIN**

(4) Senden und Empfangen
Haben sie außer dem iCloud Konto noch eine andere E-Mail Adresse, können Sie diese hier eintragen.

(5) MMS-Messaging
Achtung: Kostenfalle
Ist dieser Punkt aktiviert und gerade keine passende Verbindung zu einem anderen Apple-Gerät verfügbar, wird eine kostenlose iMessage mit Bild als teure MMS verschickt! >> **AUS**

(6) Betreff-Feld anzeigen
Das brauchen Sie bei Kurznachrichten normalerweise nicht >> **AUS**

(7) Zeichenzahl
Anzeige der Zeichenzahl beim Schreiben einer SMS, die auf 160 Zeichen begrenzt ist >> **EIN**

(8) Gesperrt
Wie beim Telefon können Sie es unerwünschten Kontakte verbieten Sie per Kurznachricht zu kontaktieren/belästigen.

(9) >> Facetime (Seite 84)
Sie erinnern sich, Facetime ist der weltweit kostenlose Dienst von Apple für **Videotelefonate**. Sie können also mit Familie, Freunden und Bekannten auf der ganzen Welt in Verbindung bleiben >> **EIN**

Voraussetzungen:
Eine gute Internet-Verbindung und ein Gerät von Apple bei Sender und Empfänger.

(10) In den Zeile darunter sehen Sie Ihre **Kontaktdaten** für Facetime – E-Mail und Telefon.
Genau die braucht Ihr Gesprächspartner, um Sie per Facetime zu kontaktieren.

EINSTELLUNGEN | Karten • Kompass • Safari

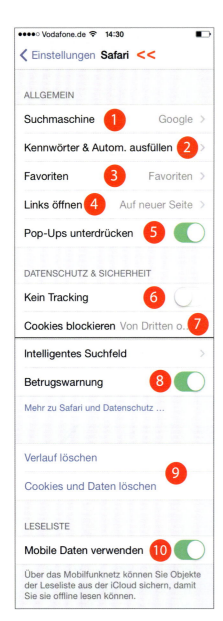

>> Karten
Umschaltung zwischen der Anzeige in Meilen und Kilometer.

>> Kompass
Anzeige nach dem geographischen Norden >> **AUS**

>> Safari
Für den Internet-Browser Safari gibt es einige interessante Einstellungen

(1) Suchmaschine
Auswahl zwischen verschiedenen Suchmaschinen

(2) Kennwörter & Automatisches Ausfüllen
Ist diese Funktion aktiv, werden bereits gesicherte Kontaktdaten, Kennwörter Kreditkarten bei einer Abfrage über Formulare automatisch eingetragen. Praktisch, aber von der Datensicherheit etwas heikel.

(3) Favoriten >> immer der „oberste" Ordner

(4) Links öffnen
Aktive Links (Verweise) auf andere Seiten werden damit in einer neuen Seite geöffnet.

(5) Pop-Ups unterdrücken
Pop-Ups sind kleine Fenster, die den eigentlichen Inhalt überlagern und meistens Werbung anzeigen. Das ist mittlerweile doch recht nervig >> **AUS**

(6) Kein Tracking
Damit können Sie die Speicherung der von Ihnen besuchten Webseiten verhindern. Vom Datenschutz her ganz gut, manchmal etwas unpraktisch, da es keinen Verlauf gibt.

(7) Cookies blockieren
Cookies [: kukkies] sind kleine Dateien des Betreibers einer Website, die (meistens) Ihre persönlichen Daten speichern. Damit erinnert sich eine besuchte Webseite an Sie, wenn Sie die Seite wieder öffnen und Anmeldedaten werden automatisch eingetragen. Praktisch? Ja – Datenschutz???

(8) Betrugswarnung >> **EIN**

(9) Verlauf löschen / Cookies und Daten löschen
Zur Sicherheit sollten Sie diese persönlichen Informationen in regelmäßigen Abständen (1 x pro Woche) löschen.

(10) Mobile Daten verwenden
Haben Sie demnächst keine Verbindung zum Internet, können Sie sich ganze Webseiten auf Ihr iPhone laden und später lesen >> **EIN**

iTunes & App Store • Musik | EINSTELLUNGEN

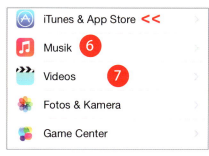

Hier passen die Standardeinstellungen, Sie müssen am Anfang nichts tun.

>> iTunes & App Store

In der ersten Zeile sehen Sie die aktuell verwendete Apple ID (1) (hoffentlich Ihre eigene) oder die Zeilen für die Anmeldung.

(2) Musik & Videos
Beide einschalten, dann wird auch alles angezeigt

Mit iTunes Match (3) können Sie Ihre gesamte Musiksammlung in der Cloud speichern. Das ist allerdings mit einer Gebühr verbunden >> AUS

(4) Automatische Downloads
Damit werden neue Einkäufe und Updates automatisch auf all Ihre anderen Geräte von Apple übertragen >> Nach Bedarf

(5) Mobile Daten verwenden
WICHTIG:
Achten Sie darauf, dass Mobile Daten nicht für automatische Downloads verwendet werden. Hier kommt ganz schnell eine große Menge an Daten zusammen, das belastet Ihr Kontingent bei Ihrem Mobilfunkanbieter sehr stark >> AUS

>> Musik (6)

Schüttelfunktion starte ein neues Lied >> AUS

Lautstärke anpassen
Damit versucht das iPhone alle Musikdateien in der gleichen Lautstärke wiederzugeben >> AUS

Equalizer >> Voreinstellungen für den Klang

Maximale Lautstärke >> AUS

Nach Albuminterpret
Aktiviert in iTunes die Sortierung nach dem Interpreten des Albums >> EIN

Alle Musikdateien
Mit dieser Einstellung werden in iTunes alle Titel in der Übersicht aufgelistet >> EIN

iTunes Match
Aktivieren Sie diese Einstellung, wird von all Ihren Titel eine Kopie in der Cloud angelegt

>> Videos (7)
Da gibt es nicht wirklich viel zu sagen.
Auch hier gibt es wieder die Einstellung zur Darstellung aller Videos >> EIN

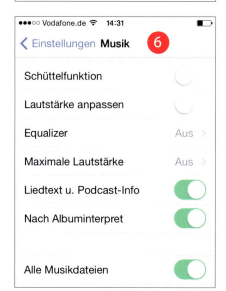

131

EINSTELLUNGEN | Fotos & Kamera • Skype

>> Fotos & Kamera

(1) Mein Fotostream
Ist diese Funktion aktiviert, werden all Ihre Bilder automatisch in die Cloud geladen und auf Ihre anderen Apple-Geräte verteilt. Das kann am Anfang getrost auf **AUS** stehen

(2) Fotofreigabe
Damit können Sie bestimmte Bilder anderen zur Ansicht freigeben >> **AUS**

(3) Fotoübersicht
Wichtig, damit immer alle Bilder in der Übersicht zu sehen sind >> **EIN**

(4) Diashow
Einstellungen für eine einfache Diashow
>> **Nach Bedarf**

(5) Raster
Wenn Sie Fotos machen, ist das eine gute Hilfe zum Ausrichten der Kamera >> **EIN**

(6) HDR - Foto behalten
Im HDR-Modus nimmt die Kamera mehrere Bilder mit unterschiedlichen Belichtungen auf und macht daraus ein neues Bild mit optimierter Belichtung. Mit Foto behalten können Sie auch die einzelnen Bilder speichern >> **NEIN**

>> Skype (wenn installiert)
Personalisierte Werbung (7)? Nein danke >> **AUS**

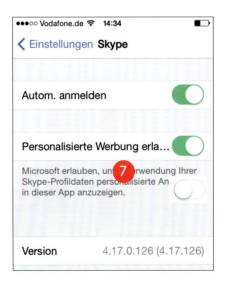

>> Game Center
Wenn Sie nichts mit Spielen am Hut haben, sollten Sie beide Einladungen und die Kontaktempfehlungen **ausschalten**.

Hier erfahren Sie, was all das Fachchinesisch und die Fremdwörter bedeuten. Ganz einfach erklärt – versprochen.

© Die.Anleitung

GLOSSAR | Fachwörter und ihre Bedeutung

@ [:at] = Bestandteil der E-Mail Adresse zwischen Benutzername und Domain
Übersetzung: zu, bei

Account [:akaunt] = Konto

AirDrop [:ähr-drop] = Übertragung von Daten auf ein Apple-Gerät in der Nähe
Übersetzung: Über die Luft ablegen
Gute Idee, in der Praxis aber eher schwierig umzusetzen.

AirPrint [:ähr-print] = Übertragungsprotokoll von Apple zu Druckern
mit einer AirPrint-Schnittstelle.
Übersetzung: Drucken über die Luft (ohne Kabelverbindung)

APN [:a-pe-en] = Zugangsdaten für Ihren Mobilfunk-Anbieter
Abkürzung für Access Point Name

App [:äpp] = kleines Programm
Abkürzung für Application = Anwendung

App Store [:äppstoar] = Vertriebsplattform für Apple-Anwendungen
Übersetzung: Geschäft für Anwendungen

Apple ID [:äppl-ei-die] = Ihre persönlichen Zugangsdaten für alle Apple-Bereiche
Die Apple ID besteht immer aus einer E-Mail Adresse und einem Kennwort

Ausrichtungssperre = Kein automatisches Umschalten zwischen Hoch- und Querformat mehr

Betriebssystem/System = Das wichtigste Programm für Ihr Gerät, sozusagen der Motor.
Das Betriebssystem steuert im Hintergrund alle Funktion und stellt die Bedienoberfläche
zur Verfügung. Von Zeit zu Zeit gibt es eine neue Version des Betriebssystems, ein Update.
Englischer Begriff: Operating System (OS)
Unterschiedliche Hersteller haben unterschiedliche Bezeichnungen:
iOS = Apple
Android = Samsung, Google, HTC, Sony und viele andere
Windows 8 = Nokia, HTC und andere

Blog [:blog] = Internet Tagebuch mit neuen Meldungen
die oftmals auch kommentiert werden können

Bookmark [:Bukmark] = Lesezeichen für oft besuchte Seiten im Internet
Übersetzung: Lesezeichen

Bluetooth [:bluhtuhs] = Spezieller Standard für Datenübertragung per Funk
Eignet sich nur für kurze Entfernungen bis ca. 10m
Übersetzung: Blauzahn

Browser [:brauser] = Programm/App zum navigieren im Internet
Übersetzung to browse: schmökern, stöbern

Cloud [:klaud] = Entfernter Datenspeicher (iCloud heißt das Angebot von Apple)
Übersetzung: Wolke

Code [:cohd] = Zahlen-Buchstabenkombination zum Sichern/Entsichern von Geräten

Fachwörter und Ihre Bedeutung | **GLOSSAR**

Cookies [:kuckies] = Kleine Dateien, die beim Besuch einer Website Ihre persönlichen Daten und Einstellungen speichern. Kehren Sie dann zu der Seite zurück, werden Sie so begrüßt, als währen Sie nie weg gewesen.
Das ist oftmals praktisch, die Datensicherheit ist aber ein Problem
Übersetzung: Kekse

Cursor [:körsa] = Einfügemarke
Übersetzung: Positionsanzeiger, Mauszeiger

Datentroaming> Roaming

Dock Connector [:dock konektor] = Steckverbinder von Apple
Wurde bis 2012 bei mobilen Geräten verwendet

Domain [:domain] = Weltweit einmaliger und eindeutiger Name für eine Website
Übersetzung: Bereich, Gebiet

E-Mail [:imail] = elektronische Post (auch einfach Nachricht)
Wird oft auch nur als MAil bezeichnet

facebook [:faisbuk] = Soziales Netzwerk, das Menschen mit ihren Freunden, Arbeitskollegen, Kommilitonen und anderen Mitmenschen verbindet

FaceTime [:faissteim] = Videoverbindung
Übersetzung: ≈ Auge in Auge / gegenüber

Flatrate [:flätrait] = Abrechnungsmodell für bestimmte Tarife und Datenmengen
Übersetzung: Pauschaltarif

Fotostream[:fotostriem] = Freigabe von Bildern für andere iCloud Geräte
Übersetzung: Bilderstrom

GameCenter [:gaim senter] = Spiele Center

GB [:gigabeit] = Bezeichnung für Speicherplatz • Das iPhone gibt es mit 16GB, 32GB, 64GB
Je mehr GB, desto mehr Daten können gespeichert werden

Headset [:hedset] = Kombination aus Kopfhörer und Mikrofon

HDR[:ha-de-er] = Spezielle Aufnahmetechnik für Fotos bei starkem Kontrast
Abkürzung für High Dynamic Recording
Übersetzung: Aufnahme mit hoher Dynamik

Home-Screen [:hom-skrien] = Hauptbildschirm
Übersetzung: Zuhause Bildschirm

Home-Button [:hom battn] = Schalter, Taster für die Anzeige zur Startseite
Übersetzung: Zuhause-Knopf

Homepage [:hompaitsch] ~ Website [:webseit] = Das komplette Angebot
einer Firma oder Privatperson mit mehreren Seiten im Internet.

Hotspot[:hotspot] = Öffentlich zugängliches WLAN (z.B. auf Bahnhöfen und Flughäfen)
Übersetzung: Heißer Punkt (Sie können auch Ihren ganz privaten Hotspot erzeugen)

TECHNIK

GLOSSAR | Fachwörter und Ihre Bedeutung

http [:ha-te-te-pe] = Übertragungsprotokoll
Abkürzung für hyper text transfer protokoll

iCloud [:eiklaud] = Kostenloser Datenspeicher von Apple
Übersetzung: Wolke

Icon [:eikon] = Symbolische Darstellung eines Programms bzw. einer App
Übersetzung: Symbol

ID [:ei-die] = Persönliche Kennung
Abkürzung für Identity = Identität

IMAP [:eimap] = Eine spezielle Art der Verwaltung von E-Mails.
Dabei werden alle Nachrichten am Server gespeichert und nur zum Lesen auf das iPhone übertragen. Diese Technik ist optimal, wenn Sie mit mehreren Geräten im Internet unterwegs sind. Alternative: POP

IMEI [:eimei] = 15-stellige Seriennummer eines mobilen Gerätes
Abkürzung für Internatoinal Mobile Station Equipment Identity

iMessage [:ei-mässitsch] = kostenloser Nachrichtendienst von Apple, kombiniert SMS und MMS

Internet [:internet] = Verbund aus weltweit vernetzten Rechnern

iOS [:ei-oh-es] = Betriebssystem von mobilen Apple-Geräten (aktuell ist Version 7.1)

iTunes Store [:eitjuhns stoar] = Musikdienst von Apple
zum Kaufen von Musik, Hörbüchern, Filmen, TV-Serien

Keynote [:kie-noat] = App/Programm von Apple für Präsentationen
Übersetzung: Grundgedanke

Lightning Connector [: leitning konektor] = Steckverbinder von Apple
Ab 2012 der Nachfolger vom Dock Connector

Link [:link] = Verbindung zu einer Webseite (tippen Sie darauf, öffnet sich eine neue Website)

Multitasking [:multitasking] = Gleichzeitiges Ausführen von mehreren Programmen

Newsletter [:njusletter] = E-Mail mit aktuellen Nachrichten/Meldungen
Übersetzung: Informationsblatt, Rundschreiben

Pages [:paitsches] = Schreibprogramm von Apple
Übersetzung: Seiten

Photo Booth [:fotobuhs] = Macht lustige Bilder
Übersetzung: Fotoautomat

POP [:pop] = Eine spezielle Art der Verwaltung von E-Mails.
Dabei werden die E-Mails vom entfernten Server auf das iPhone geladen. Dort können Sie dann auch ohne Internetverbindung gelesen werden. Diese Technik ist optimal, wenn Sie nur mit einem Gerät im Internet unterwegs sind. Alternative: IMAP

Pop Up [:pop ap] = Fenster, das sich über den ursprünglichen Inhalt legt, meistens Werbung

Fachwörter und Ihre Bedeutung | **GLOSSAR**

Posten [:pohsten] = Eine Nachricht hinterlassen

Power Supply [:pauer sapplei] = Stromversorgung, Netzteil

Push Mitteilungen [:pusch mitteilungen] = Automatische, nicht angeforderte Nachrichten
Die Erlaubnis für Push-Mitteilungen wird immer häufiger gestellt >> **NEIN**, immer ablehnen

Roaming [:roming] = Vermittlungsgebühr
Übersetzung: Herumwandern
Verlassen Sie im Ausland mit Ihrem iPhone den Empfangsbereich (=Netz) Ihres Mobilfunkanbieters, werden Sie automatisch in ein anderes Netz eingebucht. Diese Anbieter verlangt für die Vermittlung der Daten teilweise hohe Gebühren, die so genannten Roaming-Kosten.
Das automatische Roaming können Sie auch ausschalten > Seite 117

Router [:ruhta] = Zentrales Gerät, das mehrere Computer miteinander verbindet
Übersetzung: Netzwerkknoten
Einen Router erhalten Sie von Ihrem Internet bzw. Telefonanbieter. Er hat mehrere Netzwerkanschlüsse, einen Anschluss für ein Telefon, USB und ist manchmal auch WLAN-fähig.

Schlüsselbund = Programm zum Speichern und Verwalten von Kennwörtern, Zugangsdaten , und Kreditkarten

Screenshot [:skrienschot] = Praktische Möglichkeit, vom der gerade aktiven Bildschirm ein Foto zu machen. Drücken Sie dazu gleichzeitig auf den Einschaltknopf und den Home-Button.
Übersetzung: Bildschirmfoto

Scrollen [:skrollen] = bewegen, schieben
Übersetzung: blättern, rollen

Server [:sörver] = Entfernter Rechner
Übersetzung: Diener

SIM-Card {:simkard] = Kleine Karte für Telefonie und Datenübertragung
Jedes Handy/Smartphone benötigt eine SIM-Karte für den Betrieb
Abkürzung für Subscriber Indentity Module = Kennkarte für Abonnenten

Siri [:sieri] = Sprachassistent (Ein- **und** Ausgabe)

Skype [:skeip] = Anwendung für Videotelefonie (kostenlos)

SMS [:es-em-es] = Kurznachricht (max. 160 Zeichen)
Abkürzung für Short Message Service
Übersetzung: Kurznachrichtendienst

SMTP [:es-em-te-pe] = Spezielles Protokoll zum Versenden von Mails
Abkürzung für Simple Mail Transfer Protokoll
Übersetzung: Einfaches Protokoll für die Mail-Übertragung

Spotlight [:spotleit] = Programm (App) zum Suchen von Informationen am iPhone
Übersetzung: Scheinwerfer (zum Aktivieren auf dem Startbildschirm nach unten wischen)

Startseite = Erste Seite eine Homepage = Index Page

GLOSSAR | Fachwörter und Ihre Bedeutung

Surfen [:sörfen] = Unterwegs sein im Internet
Übersetzung: Wellenreiten

Sync [:sünk] = Abgleich von unterschiedlichen Daten
Abkürzung für synchronise = synchronisieren

Touch ID [:tatsch ei-die] = Spezielle App zum Entsperren des iPhones
mit dem Fingerabdruck (nur iPhone 5s)

Twitter [:twitter] = Spezielles Angebot für Kurznachrichten (max. 140 Zeichen)
Tweet [:twiet] = Nachricht auf Twitter

Update [:apdeyt] = Eine Software/App auf den neuesten Stand bringen
Übersetzung: aktualisieren

USB [:u.es.be] = Schnittstelle zur Datenübertragung (aktueller Standard: USB 3.0)
Wird u.a. für Tastatur, Maus und externe Festplatten verwendet

Web [:web] = Das Internet im allgemeinen
Übersetzung: Netz

Webseite = eine einzelne Seite einer Website

Website [:webseit] ~ Homepage [:hoampaitsch] = Das komplette Angebot
einer Firma oder Privatperson mit mehreren Seiten im Internet.

Wi-Fi [:wei-fei] = Technik für kabellose Datenübertragung
Abkürzung für Wireless Fidelity = Marketingbegriff für Funkübertragung
Wird im normalen Sprachgebrauch manchmal statt WLAN verwendet.

WLAN [:weh-lan] = Kleines, örtlich begrenztes Netzwerk für Datenübertragung
Abkürzung für Wireless Lokal Area Network
Übersetzung: Drahtloses, örtlich begrenztes Netzwerk

A

Adressen > Kontakte > 64

AirDrop > 69 / 134

Anschlüsse > 146

Apple ID
Anlegen > 21-23
löschen > 145

Apps
Sortieren > 96
Ordner anlegen > 97

App Store
Grundlagen > 92
Einkaufen > 93
Kontoverbindung eintragen > 93
Apps suchen & laden> 94-95
Apps beenden & löschen > 98

Ausrichtungssperre > 119 / 134

Ausschalten > 8

Automatische Sperre / Schlafmodus > 120

B

Bluetooth > 116

Bookmark > Lesezeichen > 50-51

Bedienung > 10

Bedienungshilfen >120-122

C

Code-Sperre > 30 / 125

Cursor > 22 / 48 / 54

D

Datenschutz > 145

Drucker > 147

E

E-Mail
Grundlagen > 36
Symbole > 37
Schreiben > 38
Empfangen > 39
Markieren > 39
Bild verschicken > 40-41
Postfach erstellen > 42
Löschen > 43
Einstellungen > 127

Einschalten > 14

Einstellungen > 116-132

Erinnerungen > 110-111

F

Facetime
Grundlagen > 82
Verbindung herstellen > 83
Einstellungen > 129
Aktivieren > 129

Favoriten > 52

Fenster & Menüs
Grundlagen > 12

Filme > Videos > 76 / 77

Flatrate > 5

Flugmodus > 116

Fotos
Erstellen > 78
Bearbeiten > 80
Sortieren > 81
Verschicken > 40-41
Einstellungen > 79

G

GameCenter > 112-113

Gesten > 10
Wischen / Streichen
Tippen / Doppel-Tipp
Drücken / Doppel-Drücker

Gesperrt > 128

Großschreibung > 11

H

Hauptbildschirm (Home-Bildschirm)
Grundlagen > 9
Wechseln > 95
Hintergrund > 119

HDR > 80/125

Helligkeit > 119

Home-Bildschirm > 9

Home-Button > 9

Hotspot > 116

INDEX | Suche nach Stichwörtern

iCloud
  Grundlagen > 29
  Anmelden > 23
  E-Mail > 25
  Löschen > 145
  Einstellungen > 6

Icons > 32-34

iMessage
  Grundlagen > 66
  Aktivieren > 129
  Bild verschicken > 68

Internet / Safari
  Grundlagen > 44
  Web-Adresse verschicken > 59
  Bedienelemente > 45
  Navigieren > 46-47
  Adresse eingeben > 48
  Seite suchen > 48
  Leseliste > 50
  Lesezeichen > 50-57
  Lesezeichen löschen 60
  Favoriten > 53
  Mehrere Seiten öffnen > 58
  Zusammenfassung > 59

iTunes
  Grundlagen > 72
  Musik suchen > 73
  Zahlungsvorgang > 73
  Bedienelemente > 72
  Wiedergabelisten > 73
  Einstellungen > 93

K

Kalender
  Bearbeiten > 105
  Termin/Ereignis eintragen > 105

Kamera
  Grundlagen > 77
  Einstellungen > 78

Karten
  Grundlagen > 106
  Adresse suchen > 107
  Navigation / Route finden > 108

Kontakte
  Grundlagen > 64
  Eingeben / Ändern > 64-65

Kontrollzentrum > 118-119

L

Land wählen > 15 / 121

Lautstärke einstellen > 124

Lesezeichen (=Bookmark) > 50-51

M

Magazine > Zeitungskiosk > 90-91

Mail > E-Mail > 36 ff

Mein iPhone suchen
  Grundlagen > 29
  Einschalten > 125

Menüs > 12

Mitteilungszentrale > 118-119

Mobile Daten > 117 / 130

Musik
  Abspielen / Sortieren74-75
Einstellungen > 131

N

Navigation > Karten > 106-108

Notizen > 109

Netzteil > 146

O

Ortungsdienste
  Einstellen > 20 / 130

P

PIN / PUK / Super PIN > 18

POP > Glossar 137

Programme = Apps

Programmleiste > 8

Q

Querformat > 8 /119

R

Routenplanung > Karten

Roaming > 116

Rotationssperre > 119 / 134

Ruhezustand / Ruhemodus > 20

Suche nach Stichwörtern | INDEX

S

Safari > Internet > 44-59

Sicherheitsfragen > 26

Seitenschalter > 147

Signalqualität
SIM > 17
WLAN > 15

Signatur > 120

SIM-Karte
Grundlagen > 5
Technik > 18
Einlegen > 18
Aktivieren > 19
Signalqualität > 19

Siri
Grundlagen > 30 / 100
Vorlesen lassen > 100
Einstellungen > 101

Skype
Grundlagen >84
Verbindung herstellen > 87

SMS > 66-70

SMTP > Glossar 137

Softwareaktualisierung > 30 / 120

Sonderzeichen > 11

Sperrbildschirm > 9

Sprache wählen > 14 / 121

Standby Taster
Ein-Aus Schalter > 8

Stoppuhr > 104

Statusleiste
Grundlagen > 8
Symbole > 34

Symbole > Icons > 32- 34

T

Tabulatoren > 59

Tastatur
Bedienen | Umschalten > 11
Zahlen > 11
Sonderzeichen > 11

Telefonieren > 60-63

Textkorrektur
Manuell > 22
Automatisch > 11 / 64

Tippen > 10
Wischen / Streichen > 10

Töne > 119

U

Uhr
Übersicht > 104
Wecker > 105
Stoppuhr > 105

Umlaute > 11

V

Vergrößern > 10

Verkleinern > 10

Videos
Im iTunes Store > 76
Kaufen / Leihen > 77

W

Wischen > 10

Wiedergabelisten > 75

WLAN (WiFi)
Grundlagen > 5
Auswählen > 15 / 116
Kennwort > 18
Einstellungen > 116
Signalqualität > 15

Z

Zeitungskiosk
Grundlagen > 90
Magazin lesen > 91
Magazin beenden > 91

Zurücksetzen > 14 / 121

PROBLEME & LÖSUNGEN

Mein iPhone geht immer so schnell in den Ruhezustand
Ändern Sie die Einstellung für die automatische Sperre

Woher kommt die Abschlusszeile in jeder E-Mail?
Das ist die Signatur, die Sie in den Einstellungen auch anpassen können

Mein iPhone lässt sich nicht einschalten
1. Drücken Sie 2-3 Sekunden lang auf den Standby-Schalter rechts oben > warten Sie einige Minuten
2. Verbinden Sie das iPhone mit dem Netzteil und laden Sie es mindestens 1 Stunde

Muss ich unbedingt die iCloud nutzen?
Nein, das steht Ihnen frei. Sie müssen auch keine E-Mail Adresse in der iCloud anlegen.
Es ist einfach nur praktisch, kostenlos und ein guter Einstieg.

Muss ich eine Apple ID anlegen?
Ja, ohne Apple ID geht gar nichts

Wie kann ich Strom sparen und die Batterielaufzeit verlängern?
Beenden Sie Apps, die Sie gerade nicht brauchen,
insbesondere Karten/Navigation, Ortungsdienste und Bluetooth.
Denken Sie auch an die automatische Sperre, der Bildschirm benötigt viel Leistung

Kann ich auf dem iPhone auch eBooks im Kindle-Format (amazon) lesen?
Ja, laden sie sich dafür die Kindle-App aus dem iTunes Store herunter

Kann ich mit dem iPhone auch Videos aufnehmen?
Ja, der Video-Rekorder ist in der Kamera-App integriert

Wie sicher sind meine Daten in der iCloud?
Nun ja, eine absolute Sicherheit gibt es im Internet nicht.
Die Absicherung in der iCloud ist aber sehr gut.

Ich kann unterwegs keine E-Mails empfangen
Aktivieren Sie „Mobile Daten" bei den Einstellungen

Der Sicherheitscode nervt mich
Die Abfrage des Sicherheitscodes können Sie in den Einstellungen abschalten.
Hinweis: Bitte nur, wenn Sie sicher sind, dass keine andere Person Zugriff auf Ihr iPhone hat!

Der Bildschirm dreht sich nicht mehr automatisch in Quer- bzw. Hochformat
Ist eine Website für die Anzeige auf einem mobilen Gerät optimiert, wird oftmals nur diese eine Darstellung angeboten.

Kann ich für den Bildschirmhintergrund ein eigenes Bild verwenden?
Ja, die Einstellung dafür finden Sie bei Hintergründe & Helligkeit

Ich habe schon eine E-Mail Adresse. Kann ich die am iPhone verwenden?
Ja, bei den Einstellungen für E-Mail können Sie beliebig viele, auch „externe" E-Mail Accounts hinzufügen

Ist es möglich, einen alternativen Browser zu Safari zu installieren?
Nein, Sie müssen für den Zugang zum Internet die App Safari verwenden

Kann ich Einkäufe aus dem iTunes & App Store auf allen meinen Apple-Geräten verwenden?
Ja, wenn Sie sich immer mit der gleichen Apple ID anmelden, werden die Einkäufe automatisch übertragen. Sie müssen nicht für jedes Gerät die gleichen Sachen kaufen.

PROBLEME & LÖSUNGEN

Bei der Bedienung passieren immer so „komische" Sachen
Achten Sie darauf, dass Sie weder Handballen noch Unterarm versehentlich am Display ablegen

Ich möchte gerne mit weit entfernten Verwandten/Bekannten in Verbindung bleiben
Haben beide ein Gerät von Apple, bietet sich Facetime an. Die Alternative dazu ist Skype

Kann ich am iPhone auch externe Geräte anschließen?
Ja, dazu brauchen Sie „lediglich" den passenden Adapter

Mit einer richtigen Tastatur könnte ich viel schneller schreiben
Kein Problem, Sie benötigen eine Tastatur mit Bluetooth-Verbindung

Wie kann ich einen Drucker anschließen
Per Kabel ist das nicht möglich, Sie benötigen einen Drucker mit „Air-Print" Funktion

Die App regiert nicht mehr
Beenden Sie diese App **und** *alle anderen.*
Hilft das nicht, müssen Sie die App löschen und neu installieren

Es ist kein Ton zu hören
Kontrollieren Sie die Einstellungen des Seitenschalters

Ich möchte gerne mit weit entfernten Verwandten/Bekannten in Verbindung bleiben
Haben beide ein Gerät von Apple, bietet sich Facetime an. Die Alternative dazu ist Skype

Kann ich am iPhone auch externe Geräte anschließen?
Ja, dazu brauchen Sie „lediglich" den passenden Adapter
bzw. eine Funkverbindung wie Bluetooth

Mit einer richtigen Tastatur könnte ich viel schneller schreiben
Kein Problem, Sie benötigen eine Tastatur mit Bluetooth-Verbindung

Kann ich das iPhone auch als externen Speicher verwenden, ähnlich einem USB-Stick?
Nein

Gibt es eine Möglichkeit den Bildschirminhalt zu fotografieren
Ja, mit einem sogenannten Screenshot können Sie die aktuelle Darstellung als Foto sichern.
Drücken Sie dazu gleichzeitig den Einschaltknopf und den Home-Button.

 Das.Forum

Das.Forum - Exklusiv für Leser von Die. Anleitung

Sie haben die Die.Anleitung von vorne bis hinten durchgearbeitet?
Herzlichen Glückwunsch, dann haben Sie die wichtigen Grundlagen schon gelernt.
Möchten Sie noch mehr wissen, haben Sie Fragen?
Dann ist das Forum genau der richtige Platz dafür.

Die.Vorteile

- Erfahrungsaustausch mit Gleichgesinnten
- Auch auf „unmögliche" Fragen eine Antwort erhalten
- Immer auf dem Laufenden sein
- Persönliche Betreuung
- Geschlossenes Forum
- Gegenseitige Hilfe

Die.Anmeldung

Schicken Sie per E-Mail ein Bild von Ihrer Anleitung und Ihre kompletten Kontaktdaten an
forum@die-anleitung.de. *Das ist gleichzeitig eine gute Übung für Sie.*
Nach wenigen Tagen erhalten Sie dann die Zugangsdaten von mir.

Anmeldung und Teilnahme am Forum ist kostenlos – aber nicht umsonst.
Zusätzlich erhalten Sie mit der Anmeldung alle Updates zu Ihrer Anleitung
ohne weitere Kosten per E-Mail. So lange, bis eine neue, gedruckte Version erscheint.

Haben Sie Geduld, wenn es mal nicht so läuft, wie Sie möchten.
Manchmal braucht es einfach ein bisschen mehr Zeit,
bis das Ergebnis stimmt.

Das gilt für Mensch und Maschine.

DATENSICHERHEIT

Aufpassen

• **Daten in der Cloud**
Praktisch, aber wirklich sicher?

• **Öffentliche Hotspots (WLAN)**
Keine Kennwörter eingeben
Keine Bestellungen
Keine Bankgeschäfte

• **Bluetooth nur bei Bedarf**
Keine fremden Einladungen annehmen

• **Ortungsdienste**
Nur bei Apps, die das wirklich benötigen

• **kostenlose Apps**
Von was leben diese Firmen, wenn nicht von Ihren Daten?

• **Soziale Netze**
Würden Sie das auch Ihrem Nachbarn und der Verkäuferin im Supermarkt erzählen?

• **Updates**
Nur zuhause

• **Einstellungen**
Regelmäßig überprüfen

• **Kennwörter / Sperrcodes**
Unbedingt nutzen, wenn Sie mit Ihrem Smartphone unterwegs sind.

• **Vor der Weitergabe**
das Smartphone komplett löschen = zurücksetzen

Datensicherheit

Ein heikles Thema, das alle Nutzer von Smartphones betrifft. Die Werbeindustrie ist ganz heiß auf die personenbezogene Daten von Ihrem Smartphone. Diese Informationen sind die Währung der Zukunft und schon jetzt die Grundlage für die unvorstellbaren Reichtümer einiger Unternehmen.

Ab dem Moment, in dem Sie Ihr Smartphone einschalten, wird praktisch alles, was Sie tun in irgendeiner Art und Weise gespeichert und sogar weiter gegeben – oftmals ohne Sie vorher zu fragen!

• Kontaktdaten (der gesamten Kontaktliste)

• Standort (Bewegungsprofil)

• Online-Banking Aktivitäten

• Besuchte Websites

• Soziale Profile

• Nachrichten

• Fotos

und vieles mehr

Sollten Sie bei all den Risiken auf den Einsatz eines Smartphones verzichten? Ich bin der Meinung, das muss nicht sein. Allerdings sollten Sie sehr vorsichtig sein und genau hinsehen, welche Daten Sie bei Berechtigungsanfragen freigeben – und für wen. Wenn Sie sich nicht sicher sind, dann verzichten Sie lieber auf die Installation einer bestimmten App.

Apple ID löschen
Das ist bei Apple leider nicht vorgesehen.
Sie können aber alle Ihre Daten aus Ihrem Konto löschen bzw. nur Unsinn eingeben. Damit wird es „unbrauchbar" und ist auch so gut wie gelöscht.

iCloud Konto löschen
Sie können Ihr komplettes iCloud löschen und damit auch alle dort **gespeicherten Daten**.
Starten Sie die App Einstellungen und wählen Sie auf der linken Seite den Eintrag iCloud aus. Ganz am Ende des Fensters finden Sie den Menüpunkt zum Löschen.

| ACHTUNG:
| Dabei werden auch Ihre gespeicherten Daten unwiederbringlich gelöscht!

Hardware | Tastatur & Drucker

(1) Anschlussbuchse für den Kopfhörer

(2) Standby-Taster / Ein-Aus-Schalter
Kurz drücken >> Schlafmodus aktivieren bzw. aus dem Schlaf aufwecken
2-3 Sekunden gedrückt halten >> Einschalten bzw. Ausschalten

(3) FaceTime Kamera
für Video-Telefonate

(4) Mikrofon zur Geräuschkompensation
(manchmal auch in der Nähe der Kopfhörer-Buchse)

(5) Lautsprecher zum Telefonieren

(6) Schiebeschalter (seitlich)
Zum Stummschalten des iPhones

(7) Taster (Wippe) für die Lautstärke (seitlich)
oben = lauter
unten = leiser

(8) Home-Button [: hoam battn]
Beim iPhone 5s gleichzeitig der Sensor für Touch ID

(9) Mikrofon (untere Kante)

(10) Netzteil-Anschluss (untere Kante)

(11) Lautsprecher (untere Kante)

(12) Fach für die SIM-Karte (seitlich)

Kamera mit Blitz LED (Rückseite)
in voller Auflösung für Fotos und Videos

Netzteil

Im Laufe der Zeit hat Apple das Netzteil (13) und die Bauform des Steckverbinders immer wieder geändert.
Ältere Produkte haben den so genannten 30-poligen Dock-Connector (14), aktuell wird der kleine Lightning-Steckverbinder (15) verwendet. Netzteil und Kabel haben immer einen USB-Anschluss, Sie können mit dem Ladekabel das iPhone auch mit Ihrem Computer verbinden.

Bildschirm & Bedienelemente | **HARDWARE**

Externe Tastatur per Bluetooth
So praktisch das Tippen auf dem Bildschirm ist, bei längeren Texten ist es dann doch etwas mühsam. Abhilfe schafft eine externe Tastatur, die Sie per **Bluetooth** mit dem iPhone verbinden können.
Gehen Sie dazu in das Bluetooth-Menü (1) bei den Einstellungen.

Dort sehen Sie alle bisherigen und möglichen Bluetooth-Verbindungen. Wählen Sie dort Ihre Tastatur aus und paaren (=verbinden) Sie Ihr iPhone damit. Dazu müssen im Normalfall einen Code eingeben, den Sie in der Anleitung der Tastatur finden.

Freisprechanlage
Über Bluetooth verbinden Sie sich auch mit der Freisprechanlage im Auto oder einem Headset.

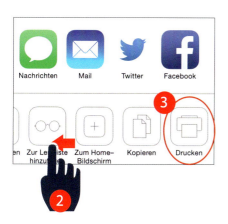

Drucken über AirPrint
Das iPhone hat ja außer dem Anschluss für das Netzteil keine weitere Anschlussmöglichkeiten.
Das bedeutet aber nicht, dass Sie vom iPhone nicht drucken können. Die Technik dafür heißt AirPrint [:ärprint] und übermittelt die Daten per Funk. Haben Sie einen **AirPrint** tauglichen Drucker müssen Sie nichts weiter tun, als über das Weiterverarbeiten-Symbol (2) den Punkt Drucken (3), der sich etwas weiter rechts versteckt, auswählen – fertig.
Das iPhone erkennt automatisch den Drucker und übermittelt die Daten.

147

Impressum

Die.Anleitung für das iPhone mit iOS 7.1

ISBN 978-3-9816561-1-4

Autor & Herausgeber

helmut Oestreich
Technische Redaktion
Kopernikusweg 9
82152 Planegg / München
www.heoe.de
post@heoe.de

Text & Layout	Helmut Oestreich
Cover & Logo	Helmut Oestreich, David Klingl
Lektorat	rtfm, Fürth
Druck	Druckerei Schmerbeck, Tiefenbach

www.die-anleitung.de

Copyright © Helmut Oestreich • München • 2014

Alle Rechte vorbehalten. Das vorliegende Werk ist in all seinen Teilen urheberrechtlich geschützt. Die Verwendung von Texten und Bildern, auch nur auszugsweise, ist ohne schriftliche Zustimmung des Herausgebers untersagt und strafbar.
Dies gilt insbesondere für die Übersetzung, Vervielfältigung, Weitergabe als PDF und die Speicherung in elektronischen Medien.
Viele in diesem Werk verwendeten Namen, Hard- und Softwarebezeichnungen und Symbole können ohne besondere Kennzeichnung Marken und eingetragenen Warenzeichen sein und als solche den gesetzlichen Bestimmungen unterliegen.
Trotz sorgfältiger Überprüfung und der aufgewendeten Sorgfalt bei der Erstellung, können weder Autor noch Verlag für mögliche Fehler eine juristische Verantwortung noch irgendeine Haftung übernehmen.

Die.Anleitung wurde in unzähligen Stunden mit viel Leidenschaft erstellt und in Anwendertests immer weiter optimiert. Trotzdem schleichen sich manchmal Fehler ein. Für Verbesserungsvorschläge und Hinweise auf Fehler sind wir Ihnen dankbar.